Avaliação
"voz da consciência" da aprendizagem

Ivo José Both

Avaliação

"voz da consciência" da aprendizagem

EDITORA
intersaberes

Av. Vicente Machado, 317 – 14º andar
Centro . CEP 80420-010 . Curitiba . PR . Brasil
Fone: (41) 2103-7306
www.editoraintersaberes.com.br
editora@editoraintersaberes.com.br

Conselho editorial
Dr. Ivo José Both (presidente)
Drª Elena Godoy
Dr. Nelson Luís Dias
Dr. Ulf Gregor Baranow

Editor-chefe
Lindsay Azambuja

Editor-assistente
Ariadne Nunes Wenger

Editor de arte
Raphael Bernadelli

Análise de informação
Ísis Casagrande D'Angelis

Revisão de texto
Monique Gonçalves

Capa
Sílvio Gabriel Spannenberg

Projeto gráfico
Bruno Palma e Silva

Iconografia
Danielle Scholtz

Dados Internacionais de Catalogação na Publicação (CIP)
(Câmara Brasileira do Livro, SP, Brasil)

Both, Ivo José
   Avaliação: "voz da consciência" da aprendizagem / Ivo José Both. – Curitiba: InterSaberes, 2012. (Série Avaliação Educacional).

Bibliografia.
ISBN 978-85-65704-57-1

1. Aprendizagem – Avaliação 2. Aprendizagem – Metodologia 3. Avaliação educacional 4. Educação 5. Educação – Filosofia 6. Educação – Finalidades e objetivos 7. Ensino – Meios auxiliares 8. Ensino – Procedimentos 9. Professores – Formação profissional – Brasil I. Título. II. Série.

12-06346   CDD-370

Índices para catálogo sistemático:
1. Aprendizagem: Avaliação: Educação   370

Foi feito o depósito legal.

1ª edição, 2012.

EDITORA AFILIADA

Informamos que é de inteira responsabilidade do autor a emissão de conceitos.

Nenhuma parte desta publicação poderá ser reproduzida por qualquer meio ou forma sem a prévia autorização da Editora InterSaberes.

A violação dos direitos autorais é crime estabelecido na Lei n. 9.610/1998 e punido pelo art. 184 do Código Penal.

Sumário

Prefácio, 11

Apresentação, 15

Parte 1 – "Voz da consciência" da aprendizagem: a avaliação vista por dentro, 19

Introdução, 21

1. A avaliação como "voz da consciência" da aprendizagem: qual o caminho?, 24

1.1 Avaliação como motivação para a aprendizagem, 28

1.2 Avaliação formativa e somativa: equilíbrio entre o avaliar e o aprender, 30

1.3 A ação de avaliar convém ser desmistificada, para se tornar querida e aceita como imprescindível, 35

1.4 Autores vários sobre conceitos diversos de avaliação: a relevância da avaliação formativa, 41

1.5 Avaliar é dar e perceber valor no ser semelhante, 53

1.6 Bom senso em avaliação faz-se necessário também, 57

1.7 O avaliador como educador por excelência, 59

2. Em educação presencial ou a distância, a avaliação cumpre igual objetivo: favorecer a aprendizagem e o desempenho, 66

2.1 Avaliação e excelência em tecnologias educacionais: o que mudou?, 70

2.2 Avaliação e compromisso com excelência de qualidade educativa, 75

2.3 A aprendizagem é facilitada quando a avaliação é consequente, 78

2.4 Ter clara concepção de avaliação é fato positivo, mas saber ensinar avaliando é a verdade máxima em aprendizagem, 81

2.5 Ah, se a avaliação falasse...!, 83

3. Avaliação da aprendizagem: quando o indivíduo tem a educação como privilégio, 96

3.1 Avaliação e excelência na qualidade educacional, 98

3.2 Conceitos e objetivos de avaliação, 101

3.3 A avaliação e a formação pedagógica no ensino superior, 107

3.4 Conceitos e notas: para quê?, 111

3.5 Avaliação na educação infantil: como fazer?, 116

3.6 Avaliação e instrumentos de verificação da aprendizagem: como assim?, 124

3.7 Compartilhar a avaliação com crianças: como?, 129

3.8 Uma palavra final, 136

4. Avaliação e formação pedagógica: um paradigma para a boa docência, 140

4.1 Despertar potencialidades e reconhecer competências, capacidades e habilidades são funções do educador, 142

4.2 Conceito, nota e função docente: um trinômio pela aprendizagem, 144

4.3 Docente: um profissional indispensável. Concorda?, 146

5. Da educação infantil ao ensino fundamental: como conceber a avaliação?, 150

5.1 Base de formação, sem promoção escolar, 152

5.2 Compartilhar a avaliação com crianças e adolescentes, 154

5.3 O entusiasmo em aprender é consequência da alegria de avaliar e ser avaliado, 156

5.4 Na educação infantil, a avaliação ocorre pela percepção, pelo acompanhamento e pela orientação, 158

5.5 Avaliação no ensino fundamental: reais manifestações de aprendizagem, 159

6. Conceito, instrumentos e objetivos para uma avaliação mediadora da aprendizagem, 164

6.1 Conceito de avaliação em função da aprendizagem, 167

6.2 Instrumentos de avaliação: ponto de identificação de equilíbrio entre aprendizagem e desempenho, 168

6.3 Em avaliação, instrumentos também são importantes meios didático-pedagógicos para facilitar a aprendizagem, 169

Em síntese, 177

Parte 2 – Avaliação institucional como referência lógica para uma educação a distância de boa qualidade, 181

Introdução, 183

7. Brasil: da informalidade às primeiras experiências formais em avaliação institucional, 188

7.1 A avaliação institucional mediada pelas dimensões de avaliação, 197

8. Circunscrição da dinâmica filosófica e objetiva da avaliação institucional, 210

8.1 Perspectiva lógica de avaliação institucional em educação a distância, 215

8.2 Como entender e definir uma instituição que avalia a qualidade do seu desempenho?, 219

8.3 Que qualidade é esperada de uma IES que avalia e se autoavalia?, 223

8.4 O Sinaes favorece estrutural e academicamente o ensino a distância, 226

Em síntese, 233

Uma palavra final, 237

Referências, 239

Gabarito, 243

Nota sobre o autor, 245

Avaliação e violão são elementos que se enquadram em qualquer situação do cotidiano social. Assim como a avaliação se faz presente no meio escolar e na vida de todos os seres humanos, o violão é bem-vindo tanto no meio dito "profano" como em ambiente considerado "sacro".

Assim, dedico este trabalho a todas as pessoas que fazem da avaliação e da aprendizagem processos que contribuem para uma qualidade de vida sempre melhor para todos.

Prefácio

Ao entrar na sala pela porta da frente, desmistificada, generosa, solidária, aceita, com alegria sensata plena de consciência, ganha sustentação sólida no educador que ama seus educandos.

Sua passagem não é momentânea, ao contrário, é permanente, convive todos os dias com crianças, jovens e adultos em todas as salas de aula e espaços educativos. Professores, alunos, pais, administradores mantêm em pauta durante todo o processo da educação sistematizada. Os sistemas de ensino prescindem de seus indicativos.

Está sempre pronta para contribuir, ajudar, revelar o melhor de cada um. Sua missão vai além de indicar o desempenho do ensino e da aprendizagem; ela pode provocar, instigar, desassossegar, tirar do lugar cômodo em que cada um se encontrar.

Estamos falando dela: a **avaliação**!

Este livro traz para o debate a avaliação da aprendizagem numa leitura de pessoalidade. A avaliação assume-se como personagem capaz de tomar voz, uma voz da consciência.

Esse desafio coloca na berlinda a compreensão da avaliação como facilitadora da aprendizagem, por contribuir no desvelamento dos caminhos da aprendizagem; indica e sinaliza como realizar uma avaliação que favoreça a progressão escolar. Mais que isso, a avaliação como estímulo para aprender, avaliação que provoca inserir todos em uma aprendizagem democrática.

A ousadia da abordagem de Ivo José Both é nobre, grandiosa e inovadora ao propor examinar a avaliação para além de procedimentos, conceitos e teorias. Inverte o papel com que temos entendido a avaliação ao propô-la como precedente à aprendizagem: avaliação como motivação. Mas o autor empreende o desafio de ir mais além: dá-lhe a palavra.

Ao assumir a palavra, a avaliação denuncia como é mal-entendida!

Anuncia que tem consciência de poder contribuir de modo mais proveitoso se intermediar na valorização do ser humano, apontando onde cada um está e quais rumos tomar para melhorar!

Anuncia que está a serviço da inclusão, da tomada de providências, da compreensão do ato de ensinar e o de avaliar como justapostos de forma solidária e simultânea.

É com propriedade que o autor propõe este livro, pois, há mais de duas décadas, investiga, orienta e publica sobre avaliação, além de ser avaliador institucional. Assim, na leitura da obra encontramos o pesquisador, o professor, mas, acima de tudo, uma pessoa em plenitude, um avaliador na essência que acolhe para conhecer antes de julgar.

Cabe ressaltar que avaliação é no cenário da educação tema instigante e de interesse permanente de educadores, professores, pais, pois avaliamos sempre. Este livro traz uma ótima oportunidade para refletir, examinar a avaliação praticada nas nossas escolas, no nosso cotidiano para propormos novas alternativas avaliativas, na educação infantil, fundamental, superior, presencial e a distância.

A leitura trará ampliação da compreensão do que significa avaliar e de como realizar uma avaliação criteriosa, além de uma análise das atuais políticas de avaliação institucional tanto nos cursos presenciais como na modalidade a distância, desenvolvidos no Brasil, como processo de contribuição à melhoria de qualidade.

Portanto, há razões múltiplas para deixarmos nos levar em análises densas de fazer a avaliação "voz da consciência" da aprendizagem.

Por fim, agradeço ao professor Ivo a honra de prefaciar este texto que, como diz Rios (2000), é bom, belo e faz bem.

Curitiba, 17 de junho de 2010.
Joana Paulin Romanowski

Apresentação

Esta é uma obra que trata da avaliação com muito carinho e convicção profissional, por dois motivos em especial:

- um, acadêmico, com vistas ao seu emprego nos meios escolares como aliado decisivo para a melhoria da aprendizagem;
- outro, institucional, com o propósito de propiciar nas instituições de ensino boas condições de trabalho que favoreçam a aprendizagem.

Por esses motivos, este livro foi dividido em duas partes, a Parte I, que trata da avaliação como "voz da consciência" da aprendizagem, e a Parte II, que visualiza a avaliação institucional como referência lógica para uma educação a distância de boa qualidade.

Defender a função da avaliação como "voz da consciência da aprendizagem" poderá, à primeira vista, provocar dúvidas ou, até mesmo, alguma desconfiança nos meios acadêmicos e sociais. No entanto, a manutenção da defesa da função pela avaliação de "voz da consciência" com relação à aprendizagem é um exercício mental, ao mesmo tempo, simples e lógico.

Para que a avaliação como "voz da consciência" possa resguardar a faculdade de exercício mental simples e lógico, faz-se necessário ao leitor entender e assimilar que o objetivo principal da avaliação é o de facilitar e favorecer a aprendizagem, e não de pretender saber quanto o aluno sabe.

A avaliação como "voz da consciência" da aprendizagem é a extensão e o resultado da consciência humana. Dessa forma, tanto a consciência humana quanto a avaliação como "voz da consciência" da aprendizagem não se manifestam à viva voz, mas por meio da consciência de sentimentos que se revelam sob a forma de: chamar atenção, dar a perceber, aceitar, rejeitar, sugerir, propor, substituir, decidir.

Talvez exemplificando a manifestação da avaliação como "voz da consciência" da aprendizagem possamos simplificar e facilitar o entendimento dessa função tão importante acadêmica e socialmente.

Exemplo:

Numa composição de 50 parágrafos sobre um determinado tema, o autor detectou pouca sintonia dos parágrafos 5º e 12º com o restante do texto. Após reescrevê-los, o autor considerou o texto concluído.

Nesse exemplo, a manifestação da "voz da consciência" não ocorreu à viva voz, mas mediante chamada de atenção ao autor por meio de exercício mental lógico de que não havia suficiente sintonia por parte dos parágrafos 5º e 12º com o restante do texto.

Ainda: quando o autor detectou pouca sintonia..., ele decidiu reescrever os referidos parágrafos. Detectar e decidir são funções da avaliação. Melhor dizendo, a toda ação de avaliar segue outra de tomada de alguma decisão para que a situação encontrada mude ou permaneça como está.

Enfim, a iniciativa de detectar e a consequente decisão tomada não ocorreram à viva voz, mas mediante ato de consciência mental lógica, ou seja, por "voz da consciência".

A avaliação, genericamente, mesmo que nem sempre devidamente entendida e utilizada para fins de melhoria de desempenho, constitui um ponto alto a favor de uma aprendizagem consequente. A linguagem dialógica também começa a fazer uma diferença sempre maior como componente animador e facilitador da aprendizagem. Tanto avaliação quanto linguagem dialógica são componentes que o autor vêm utilizando com afinco na atuação em diferentes níveis escolares e em variadas situações da vida tanto acadêmica quanto pessoal.

Ao longo de todo o texto deste trabalho está presente, de alguma forma, a linguagem dialógica, com vistas a dois propósitos:

- tornar a linguagem coloquial;
- facultar ao leitor ser partícipe da obra.

Por sua vez, a avaliação sob a ótica de "voz da consciência" da aprendizagem perpassa todo o texto desta obra, procurando revelar-se da forma a mais real e íntima possível, como mentora acadêmica indispensável no favorecimento e na facilitação da aprendizagem.

Convém ressaltar que o objetivo da avaliação com relação às partes 1 e 2 do texto é idêntico, pois em ambas visa-se à boa qualidade. Enquanto na primeira a avaliação atua nos meios escolares (educacionais) como fator de melhoria da aprendizagem, na segunda ela atua com o propósito de intermediar nas instituições de ensino (estrutura física) boas condições de trabalho que favoreçam a aprendizagem.

Assim sendo, a divisão do texto em duas partes ocorreu em função da composição estrutural de ambas, e não por conta dos seus objetivos que, na verdade, são idênticos: boa qualidade.

Percebemos ao longo do texto não ter sido propósito dar formas e concepções diferentes à avaliação, mas tentar resgatar um de seus principais objetivos: favorecer e facilitar a aprendizagem.

Possivelmente o leitor perceberá o elevado grau de pessoalidade presente nesta obra, sem muita recorrência a outros autores. Trata-se de uma iniciativa proposital, que pode ser revelada mediante a seguinte ordem de importância:

1º) elaborar uma obra sobre avaliação da aprendizagem e institucional eivada de experiências pessoais vivenciadas ao longo de muitos anos de intensa atividade acadêmica;

2º) ter-me utilizado de referências, com muito orgulho, de diferentes autores principalmente a respeito de temas sobre avaliação da aprendizagem e institucional em várias outras obras, mas que, desta feita, quis poupá-los, recolhendo-me no âmago de minhas experiências, para revelá-las solitariamente, mas com muita intensidade.

Desejo a todos uma prazerosa leitura!

parte 1

"Voz da consciência" da aprendizagem: a avaliação vista por dentro

1

"Voz da consciência:"
da aprendizagem
a avaliação vista por dentro

Introdução

Diz um ditado popular que "quem não ri não é uma pessoa séria". De igual modo, para os meios educacionais, quem não avalia também não ensina nem facilita a aprendizagem.

Sabemos que algumas das verdades que permeiam a sociedade nem sempre são assimiladas por não serem entendidas. E a avaliação por certo se encontra entre os componentes do vocabulário acadêmico que ainda não teve todos os seus objetivos verdadeiramente entendidos, tanto nos meios sociais quanto nos educacionais.

Talvez você esteja curioso para saber se pretendemos, com essas afirmativas, apresentar alguma nova verdade com relação aos objetivos da avaliação. Não, não se trata disso. O que queremos é demonstrar o quão grande parte dos objetivos da avaliação são mundialmente mal interpretados, concebidos e empregados.

Os isolamentos social e acadêmico aos quais a avaliação é seguidamente relegada não lhes permite colocar em prática seus principais objetivos, que são:

- identificar meios de sustentabilidade às facilidades e meios de reversão às dificuldades, que respectivamente beneficiam e entravam o desenvolvimento e bem-estar humano;
- apontar e incentivar a aceitação de caminhos que conduzam à dignidade e à realização humana;
- entusiasmar o ser humano a assumir os princípios éticos como o caminho para uma boa convivência social e profissional;
- socializar e assegurar permanente percepção e exaltação de valores no ser humano.

Você provavelmente já se apercebeu dos objetivos que devem integrar a avaliação no meio social e acadêmico. Por isso, sugerimos que você acompanhe o desenvolvimento desta obra sobre avaliação em toda a sua extensão, com vistas a torná-la não um *best-seller* egocêntrico, mas um *best-seller* de valorização da dignidade do ser humano pela educação.

Este texto também procura abordar o ensino e a avaliação como componentes educacionais que conseguem facilitar a aprendizagem, quando ensejados em atuação cooperativa e interativa.

Ensino, aprendizagem e avaliação não se sustentam por si só como ações isoladas nos meios educacionais. Juntos, formam um triângulo em que cada um dos lados possui igual representatividade acadêmica, com vistas à melhoria do desempenho educacional.

A igualdade "métrica" dos lados desse triângulo não privilegia nenhum dos três componentes educacionais – ensino, aprendizagem e avaliação –, uma vez que a sobrevivência acadêmica desses componentes depende da capacidade de sua ação conjunta no meio educacional.

capítulo 1

A avaliação como "voz da consciência" da aprendizagem: qual o caminho?

Você possivelmente concorda comigo que a avaliação cumpre verdadeiramente papel de "voz da consciência", não somente do ensino em desenvolvimento, como também da aprendizagem que vai ocorrendo.

Essa afirmativa não causa estranheza entre nós que procuramos entender o papel da avaliação, indo muito além dos seus objetivos de perceber e identificar a quantas anda o desempenho dos alunos ou de qualquer outro profissional.

Dessa forma, pretendemos fazer deste item um preâmbulo importante, apresentando a avaliação cumprindo papel de "voz da consciência" no âmago das intervenções e dos posicionamentos que perpassam todo o presente texto.

É possível perceber que avaliação e "voz da consciência" não são componentes dissonantes entre si em termos pedagógicos, mas necessariamente complementares. Assim sendo, a "voz da consciência" está localizada bem no interior da ação avaliativa, na "consciência" da avaliação.

Como exemplo explicativo da ação complementar que ocorre entre avaliação e voz da consciência, podemos apontar o seguinte encaminhamento: enquanto a avaliação percorre os caminhos que levam à aprendizagem, a voz da consciência indaga se esses caminhos são os mais adequados para viabilizar uma excelente aprendizagem.

Vamos esquematizar a premissa de que a ação de avaliar deve se valer do componente "voz da consciência" para que a aprendizagem tenha maiores possibilidades de ocorrer da forma a mais adequada e consequente possível.

Vamos lá!

Não é nossa intenção impor a qualquer custo a aceitação da expressão *"voz da consciência"* aos meios acadêmicos, escolares e sociais, ao tratarmos de avaliação. No entanto, na medida em que soubermos valorizar a sua função no processo de avaliação, ela tenderá a ser paulatinamente aceita e, quiçá, aplicada.

Talvez o esquema que facilite com maior objetividade a compreensão da demonstração da ação mediadora da "voz da consciência" na consecução de processo de avaliação possa ser argumentado da seguinte forma:

Enquanto...

- ... a avaliação perscruta os caminhos que levam à aprendizagem, a voz da consciência investiga e sinaliza se esses são os caminhos mais apropriados;
- ... a avaliação observa e percebe a qualidade de desempenho, a voz da consciência investiga e sinaliza se houve suficiente e adequada objetividade na ação de observar e perceber;
- ... a avaliação facilita a aprendizagem, a voz da consciência investiga e sinaliza se as informações levantadas são as melhores para a obtenção de aprendizagem adequada e consequente;
- ... a avaliação identifica a quantas anda a aprendizagem, a voz da consciência investiga e sinaliza sobre o seu nível de aproveitamento;
- ... a avaliação colhe informações a respeito do rendimento escolar, a voz da consciência investiga e sinaliza para as melhores decisões que favoreçam a aprendizagem;
- ... a avaliação se preocupa com a progressão escolar, a voz da consciência investiga e sinaliza não ser função sua aprovar ou reprovar;
- ... a avaliação zela para que a aprendizagem aconteça para todos, a voz da consciência investiga e sinaliza para o respeito ao ritmo, às formas e à capacidade de aprendizagem próprios de cada aprendiz;
- ... a avaliação estimula os atos de ensinar e de avaliar como processo simultâneo, a voz da consciência investiga e sinaliza para que essa realidade de fato se perenize.

Quadro 1.1 – *Avaliação "versus" voz da consciência*

Avaliação	Voz da consciência
Perscruta os caminhos que levam à aprendizagem.	Investiga e sinaliza se os caminhos para a aprendizagem são os mais apropriados.
Observa e percebe a qualidade de desempenho.	Investiga e sinaliza se houve suficiente e adequada objetividade na ação de observar e perceber.
Facilita a aprendizagem.	Investiga e sinaliza se as informações levantadas são as melhores para a obtenção de aprendizagem adequada e consequente.
Identifica a quantas anda a aprendizagem.	Investiga e sinaliza sobre o nível de aproveitamento da aprendizagem.
Colhe informações a respeito do rendimento escolar.	Investiga e sinaliza para as melhores decisões que favoreçam a aprendizagem.
Preocupa-se com a progressão escolar.	Investiga e sinaliza não ser função sua aprovar ou reprovar.
Zela para que a aprendizagem aconteça para todos.	Investiga e sinaliza para o respeito ao ritmo, às formas e à capacidade de aprendizagem próprios de cada aprendiz.
Estimula os atos de ensinar e de avaliar como processo simultâneo.	Investiga e sinaliza para que o processo simultâneo de ensinar e avaliar de fato se perenize.

O papel mediador da voz da consciência no processo avaliativo, em função de uma boa aprendizagem, por certo ainda poderia ser aqui bem mais ampliado. No entanto, a sua abordagem ocorre no transcurso de todo este trabalho, o que possibilitará seu debate e sua compreensão tanto em profundidade quanto em extensão, paulatinamente.

1.1
Avaliação como motivação para a aprendizagem

Caro leitor, renovo o convite a você para acompanhar o desenvolvimento deste texto, o qual trata de um tema imprescindível, tanto para educadores como para pais, para profissionais de todas as áreas de conhecimento, para gerentes de empresas de grande, médio ou pequeno porte da zona urbana ou rural, para o homem do campo e da cidade.

Aceita o convite? Então, vamos lá. Trata-se de um tema fortemente presente na vida das pessoas, pois, sem os resultados da avaliação, nenhuma decisão poderá ser tomada.

Esse tema envolve muitas conotações e concepções diferentes, o que o torna um componente do dia a dia necessário a ser debatido, pesquisado e analisado de forma ampla e profunda.

Sabemos que avaliar é preciso sempre; por isso mesmo a avaliação será debatida com imensa responsabilidade, de forma criteriosa, exequível, consequente e necessária tanto no contexto acadêmico como no social no transcurso deste texto.

O tema **avaliação**, pelo fato de se fazer presente em qualquer circunstância da vida de todo ser humano, constitui amplitude e abrangência muito grande. Portanto, vamos delimitá-lo para fins de nosso estudo. Vamos procurar estudar e debater, entre outros, dois dos seus aspectos de abrangência universal, mas imprescindíveis no meio acadêmico-escolar: o formativo e o somativo.

Na verdade, as avaliações formativa e somativa representam a síntese dos debates avaliativos, pois é delas que demandam todas as demais formas de concepção de avaliar e facilitar a aprendizagem.

Neste texto, a avaliação também será abordada, em item específico, no contexto de educação a distância. A educação a distância, ao menos na forma tecnológica como vem se apresentando no tempo presente, está vindo a se firmar de maneira bastante tardia no Brasil, se comparada com iniciativas centenárias de outros países. Mas, se por um lado ela surgiu em nosso país apenas em tempos recentes, por outro, ela, ao que tudo indica, veio para se estabelecer de vez.

Como docentes, atuamos nas modalidades presencial e a distância, sentindo-nos à vontade em ambas para fins educacionais. Cada uma se impõe por características técnicas, tecnológicas e metodológicas próprias.

Sabemos ser a educação um bem social ao alcance de todas as pessoas, com oportunidades iguais. No entanto, sabemos, também, não ser essa a realidade reinante.

Ainda não podemos dizer ao certo qual das modalidades de ensino melhor se sai no favorecimento da aprendizagem, pois ambas, quando bem conduzidas e implementadas nos meios escolares ou fora deles, são garantia de bom rendimento e desempenho estudantil.

A educação presencial revela uma realidade que a diferencia bastante do ensino a distância, isso em termos de oportunidades. Enquanto o ensino presencial tem o limite de não poder se fazer presente em todos os recantos brasileiros, normalmente por questões econômicas, o ensino a distância já não se vê tão limitado.

Há regiões inatingíveis pelo ensino presencial, principalmente por motivos de distância e de reduzido contingente de alunos, o que o torna economicamente inviável. Tal realidade não se aplica ao ensino a distância, que pode se aventurar a beneficiar as pessoas interessadas por estudo, praticamente onde quer que elas se localizem, mediante a utilização de tecnologias de longo alcance.

1.2
Avaliação formativa e somativa: equilíbrio entre o avaliar e o aprender

Convido você para comigo focar nossa atenção em especial neste item, uma vez que é a partir dele que os demais serão desenvolvidos.

As avaliações formativa e somativa compõem a coluna central da qual derivam todas as demais iniciativas consequentes da ação de avaliar.

Falar em avaliação formativa (processual) e somativa não constitui novidade para ninguém. No entanto, o que muitas vezes causa mais dificuldades é a falta de uma clara concepção e aplicação prática dessa avaliação tanto nos meios educacionais quanto nos sociais.

Assim sendo, a repetida ênfase a ser tornada pública a seu respeito torna-se uma exigência inadiável, uma vez que encontramos nela o âmago de uma avaliação que tem como foco prioritário a aprendizagem e o centro das atenções, o ser humano.

A avaliação sob os aspectos processual e somativo compreende um conjunto de orientações e valores que responde de forma bastante positiva e real às necessidades do homem como eterno aprendiz e receptivo ao desenvolvimento pessoal e social.

Talvez você aceite o convite para, juntos, tentarmos entender o que vem a ser avaliação sob os aspectos (modalidades) processual e somativo. Para início de conversa, ainda que os dois aspectos compreendam profundas diferenças em termos quali-quantitativos, em seu conjunto são exemplarmente complementares.

Os aspectos processual (qualitativo) e somativo (quantitativo) da avaliação respondem proximamente à realidade do que ocorre no dia a dia do educando ou de qualquer outro profissional em suas respectivas atividades.

O aspecto processual, também denominado *formativo*, encontra-se presente na vida acadêmica ou escolar ao longo de todo o transcurso de formação. O aspecto somativo, por sua vez, representa o desempenho do estudante de forma pontual, no qual os resultados são demonstrados numericamente.

Ainda que os aspectos processual (formativo) e somativo conservem características individuais, estes não se apresentam, todavia, como elementos antagônicos na ação avaliativa. Portam-se, na verdade, como elementos de avaliação complementares.

O aspecto somativo da avaliação pode igualmente converter-se em aspecto formativo ou processual, na medida em que os diversos valores numéricos que representam desempenho acadêmico ou escolar são analisados criteriosamente com esse foco.

Romanowski e Wachowicz (2006, p. 89) expressam-se da seguinte forma quando falam de avaliação formativa (processual) e somativa:

> a avaliação da aprendizagem adota duas modalidades, a formativa e a somativa. A avaliação formativa é a que procura acompanhar o desempenho do aluno no decorrer do processo de aprender e a somativa é a realizada no final desse processo e visa indicar os resultados obtidos para definir a continuidade dos estudos, isto é, indica se o aluno foi ou não aprovado.

Percebemos que a linha de pensamento das autoras é pontual e clara quando tratam de avaliação processual (formativa) e somativa. Para elas, enquanto a avaliação processual acompanha o desempenho do aluno no transcorrer de todo o processo de ensino-aprendizagem, a avaliação somativa realiza-se principalmente no final desse processo.

Percebemos que a avaliação processual (formativa) encontra-se sempre próxima do aluno em sua fase escolar, acompanhando-o passo a passo e dia a dia em seu esforço de estudante – mantendo o empenho pela melhoria do desempenho desse aluno.

Não podemos dizer que a avaliação somativa esteja de todo distante do aluno durante seu período escolar, ainda que pedagogicamente esta não se faça tão efetiva quanto a primeira. No entanto, um aspecto importante não pode ser deixado de lado nesse contexto: é com base em dados confiáveis e eficientes que a tomada de decisões é facilitada.

Por outro lado, quanto melhores informações os dados expressivos possibilitarem, mais resultados positivos poderão ocorrer na relação da avaliação formativa com a somativa.

As avaliações formativa e somativa podem ser comparadas figurativamente a um rio que, no seu conjunto, forma um caudal imponente, vistoso e de grande benefício ao ecossistema regional e à vida animal e humana em sua circunvizinhança.

O seu traçado é formado por um ininterrupto caudal de águas que constituem um **processo** de perene irrigação e oxigenação das terras e das matas por elas atingidas.

Figura 1.1 — *Um majestoso rio banha e enobrece a terra, a avaliação fortalece e valoriza a aprendizagem*

Imagens: Ingimage

Se, por um lado, as águas de um rio constituem um processo perene e contínuo, as quedas d'água, as pedras, as corredeiras e as curvas somam de forma pontual, cá e lá, belezas que ajudam a valorizar o conjunto da imponência desse caudal de águas.

Em outras palavras, água e acidentes geográficos valorizam em conjunto o todo, ao mesmo tempo em que na individualidade:

- o rio é formado por um contínuo e ininterrupto processo de águas e por acidentes geográficos que somam para a valorização da imponência das águas do rio.

Vamos, agora, apontar alguns instrumentos de avaliação que caracterizam, ainda que de forma aproximada, as avaliações formativa e somativa? Vamos lá!

Estes são alguns dos instrumentos de avaliação formativa:

- observação do desempenho e da contribuição do aluno;
- conselho pedagógico;
- estudo de caso;
- seminário;
- debate;
- trabalho em grupo;
- relatório individual.

Outros instrumentos que bem se prestam para fins de avaliação formativa são o portfólio e a produção de aprendizagem. Por esses mecanismos, entendemos, respectivamente:

> o portfólio constitui-se no conjunto de produções resultantes das atividades supervisionadas sugeridas nos materiais de estudo do aluno, pelo menos uma por disciplina. Em cada unidade temática de aprendizagem será elaborado um portfólio por até quatro alunos participantes do curso, preparando um texto de articulação das atividades explicando porque foram escolhidas para ser entregue ao tutor local.
>
> [...]
>
> Nos cursos de pós-graduação sugere-se aos alunos a construção de um portfolio individual para seu aprofundamento, mas, esse portfólio não é submetido à avaliação formal.

[...]
a produção de aprendizagem é realizada ao final de cada unidade temática de aprendizagem. Constitui-se como uma produção de reflexão proposta para a ampliação e o aprofundamento da aprendizagem, com base nos temas indicados em cada disciplina. Sendo que, em cada um dos trabalhos elaborados, podem participar no máximo quatro alunos. A composição do trabalho se dividirá em duas partes: a) Produção da reflexão coletiva; b) Elaboração individual. As orientações para essa produção são de responsabilidade dos professores da unidade [...]. (Facinter, 2008, p. 4-5)

Por sua vez, a avaliação somativa, como forma mais quali-quantitativa de procedimento, utiliza diferentes formas de provas e de outros instrumentos congêneres para identificar o desempenho de alunos.

A esta altura você possivelmente concorda comigo que a avaliação formativa visa identificar o desempenho do aluno a partir de exigências educativas pedagógico-processuais, ao passo que a somativa faz uso de formalidades quali-quantitativas demonstradas por meio de instrumentos e de seus resultados estatísticos, com o propósito de identificar se o aluno está apto a dar continuidade em seus estudos ou se terá de repeti-los no período seguinte.

Enfim, pedagogicamente concordamos em um ponto muito importante em toda essa discussão a respeito de avaliação formativa e somativa. Percebemos que a avaliação formativa atinge e beneficia de maneira mais próxima o aluno, ao passo que a somativa pouco ou nada soma à vida do estudante, por si só.

A partir daqui, convido você a não discriminarmos a avaliação somativa no interior dos demais itens que compõem este texto, mas, por outro lado, concedermos justo valor à avaliação formativa como aspecto (modalidade) de alto e imprescindível valor pedagógico na vida estudantil.

Ainda que a avaliação formativa demonstre maior objetividade pedagógica numa eventual tentativa de arcar sozinha com a função de incentivar e de facilitar a aprendizagem, não convém que se decida por assim fazê-lo permanentemente, sem se associar aos méritos da avaliação somativa no processo educacional.

A avaliação somativa, realizada pontualmente por meio de trabalhos, estudos, avaliações cá e lá, também traz no bojo excelente histórico com benefício pedagógico.

O encaminhamento processual da avaliação formativa pode valer-se de forma amplamente positiva da realidade quantitativa da avaliação somativa. Dessa maneira, qualidade e quantidade não são componentes educacionais frontalmente antagônicos, mas, sim, complementares.

Tal realidade pode ser percebida e confirmada em atividades de pesquisa científica, nas quais a coleta de dados é composta em sua grande maioria de elementos quantitativos, mas que, após analisados, revelam resultados amplamente qualitativos.

Mais adiante, você me acompanhará em abordagens sobre avaliação formativa e somativa num contexto de educação presencial e a distância.

Esse será possivelmente um debate muito proveitoso, quando teremos oportunidade de esclarecer aspectos sobre educação a distância para uma vasta gama de pessoas nos diversos níveis escolares que ainda não possuem a necessária compreensão a respeito dessa modalidade educacional, a qual tem o emprego de tecnologias como um de seus grandes aliados.

1.3
A ação de avaliar convém ser desmistificada, para se tornar querida e aceita como imprescindível

É corrente a convicção de que a avaliação se faz necessária como processo de apoio à aprendizagem, no entanto, também é bastante comum o entendimento de que o nível de sua aceitação por parte de quem avalia é uma ação normal, mas que, por parte do avaliado, encontra, às vezes, rejeição e aversão.

No entanto, você e eu sabemos que sua maior ou menor aceitação é diretamente proporcional ao nível da percepção pedagógica com que o avaliador dela se utiliza para a identificação do grau de desempenho do avaliado.

Um dos aspectos que ajuda a explicar mais a fundo essa percepção, muitas vezes pouco pedagógica, pelas pessoas do papel da avaliação no favorecimento da aprendizagem encontra-se diretamente relacionado à formação delas, se em nível de licenciatura ou de bacharelado. Conclui-se, daí, não ser a parca visão pedagógica inerente à ação de avaliar culpa direta dos professores, bem como de outros profissionais, mas sim como decorrência de sua formação acadêmica.

Sabemos que os cursos de licenciatura zelam, ao longo de seu desenvolvimento, pela familiarização dos futuros profissionais com componentes pedagógicos derivados de estudos de didática, de metodologia e de avaliação. Já a modalidade **bacharelado** caracteriza-se por uma vertente formativa mais voltada à ordem profissional e mesmo de pesquisa, sem zelo direto por excelência de interesse pedagógico.

A partir desse enfoque explicam-se, em parte, as diferenças de formação na relação pedagógica entre as modalidades de licenciatura e de bacharelado dos profissionais das diferentes áreas de conhecimento.

Talvez, para que essa discrepância de entendimento e domínio pedagógico não continue tão acentuada na relação entre bacharelado e licenciatura, cabe uma reformulação curricular dos cursos em nível de graduação. Tal medida, em vez de prejudicar, por certo favorecerá em muito os cursos de bacharelado.

Tornou-se de domínio público, ao longo da história da educação, que o nível de aceitação da função da avaliação na relação avaliador–avaliado também tem muito a ver com:

- concepção pedagógica da avaliação pelo avaliador e pelo avaliado;
- papel de entendimento de entreajuda que cumpre a avaliação na relação avaliador–avaliado;
- concepção obtusa com relação ao papel da avaliação de priorizar com maior intensidade os conteúdos que o aluno menos domina em detrimento dos que mantém maior intimidade;
- reduzida compreensão do valor do erro como fator importante de aprendizagem;
- maior valorização da quantidade do que da qualidade de saberes sob domínio da pessoa;
- avaliação ainda com intenso sentido de cobrança em vez de reconhecimento.

Sabemos não ser a ação avaliativa tarefa de fácil execução e aceitação, primeiramente pelo fato de ela colocar frente a frente seres humanos, que possuem virtudes e defeitos. Por isso há natural resistência à ação avaliativa quando o avaliador, com seus defeitos, mede o desempenho de outro indivíduo que também revela dificuldades.

No entanto, para o bem da humanidade, essa natural e inerente condição humana de virtudes e defeitos, a ação avaliativa, não pode deixar de existir e de cumprir sua função. O que possivelmente deve mudar é a relação de atrito entre virtude e defeito que vem sendo preservada pelo homem.

Essa dificuldade na relação entre esses dois componentes possivelmente poderá ser minimizada mediante posicionamentos e atitudes desmistificadores tomados por avaliador e avaliado.

Uma vez que virtudes e defeitos são componentes irreversivelmente presentes nos seres humanos, cabe ao homem envidar necessários esforços a fim de que essa relação conflituosa seja revertida.

Essa reversão poderá ocorrer à medida que vaidades pedagógicas derem espaço à aceitação da possibilidade de que virtudes e defeitos podem constituir excelente parceria para que acerto e erro, certo e errado formem linha ímpar de aprendizagem.

E você, acredita que isso possa ocorrer? Eu acredito piamente, pois, da mesma forma que a avaliação não objetiva desmerecer ninguém, seja ele mais ou menos competente, ela também cumpre papel apaziguador.

A avaliação cumpre tanto melhor a sua função apoiadora do ensino e da aprendizagem, na medida em que é aceita de forma pacífica como elemento positivo no soerguimento da autoestima e como fiel aliada do ser humano em seu esforço de competência, capacidade, habilidade e de convivência social.

Talvez você esteja querendo mais detalhes a respeito de competência, capacidade, habilidade e convivência social no contexto de avaliação. Esses quatro elementos, ainda que pouco compreendidos e, em consequência, pouco ou mal utilizados, são muito importantes na identificação do nível de domínio de conhecimentos e do desempenho escolar pelo aluno.

Diversamente da compreensão e da interpretação que outros autores dão a seu respeito, esses componentes prestam-se muito bem a facilitar o entendimento de novas funções que a avaliação cumpre em ambientes escolares e fora deles. Assim sendo, podemos entender a função de cada um dos componentes da seguinte forma:

- **Competência** – Subentende domínio de conhecimentos pelo educando a respeito de um tema. Cabe incentivar o aluno a não se contentar em recolher e aprender conteúdos colocados à sua disposição em sala de aula. Deve ele enriquecê-los em mais fontes, como em leituras em bibliotecas, por exemplo.
- **Capacidade** – No entanto, o professor não se satisfaz de todo que seu aluno manifeste vasta gama de conhecimentos

a respeito de um determinado tema. Requer que seu aluno saiba aplicar e relacionar esses conhecimentos.

- **Habilidade** – Dominar um sem-número de conhecimentos (competência) a respeito de determinado tema, bem como saber aplicá-los e relacioná-los (capacidade), representa progresso, mas isso ainda não satisfaz de todo ao professor. Ele almeja que seu aluno se utilize da palavra-chave inerente à habilidade: criatividade. Em outras palavras: é compensador ao professor ter consciência de que seu aluno domina conhecimentos, sabe aplicá-los e relacioná-los, mas de forma criativa.
- **Convivência** – O aluno recobra ou fortalece sua autoestima ao perceber sua maturidade estudantil em termos de competência, capacidade e habilidade. Essa situação academicamente favorável condiciona-o a melhorar sua convivência e seu relacionamento social, bem como sua própria aceitação como ser humano em franco amadurecimento como "ser-com-os-outros" e de bem consigo mesmo e com a vida.

Figura 1.2 – *Interação entre competência, capacidade, habilidade*

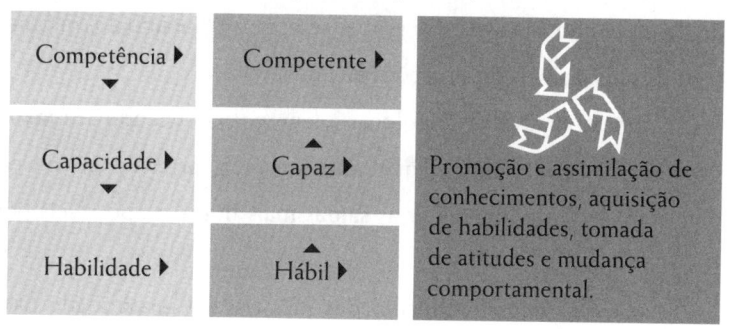

Competência ▶	Competente ▶	Promoção e assimilação de conhecimentos, aquisição de habilidades, tomada de atitudes e mudança comportamental.
Capacidade ▶	Capaz ▶	
Habilidade ▶	Hábil ▶	

Fonte: Both, 2001, p. 207.

Com relação a cada um dos componentes de avaliação representados na figura anterior, percebemos ser sua mútua relação bastante próxima e interativa.

Neste texto, cada um desses componentes é descrito com propósito pedagógico de entendê-los na sua individualidade. No entanto, em aplicações práticas de avaliação, esses componentes não são utilizados individualmente, mas numa visão de seu conjunto. A postura do educador não é a de: "Agora avaliarei o desempenho de meu aluno levando em conta sua competência", e assim sucessivamente, mas com base na visão simultânea do conjunto desses componentes.

A esta altura de nosso texto, você e eu chegamos à convicção de que avaliar é muito mais do que identificar erros e acertos do aluno. Percebemos que avaliar também significa apoiar intensamente o ser humano em suas dificuldades de aprendizagem.

A ação de avaliar jamais sugere punição, tampouco humilhação ante eventuais dificuldades de aprendizagem e de desempenho pessoal e profissional. A avaliação empolga o ser humano a soltar seu grito de vitória diante de frustrações que, por vezes, teimam em se instalar na mente por motivos muitas vezes sem culpa direta do indivíduo.

A avaliação também não permite ser encarada como uma solução simplória para todas as dificuldades, tanto as de aprendizagem como as de desempenho, uma vez que requer sempre o empenho do ser humano para os seus desvios de situações menos favoráveis.

É função da avaliação colocar à frente do educando seu mapa de dificuldades, sejam elas de qualquer natureza, procedência ou causa, para que ele tente identificar as saídas mais honrosas possíveis por esforço próprio.

A par de eventuais dificuldades próprias da imaturidade física e mental da juventude, a avaliação auxilia na identificação das principais dificuldades que se revelam ao longo da vida acadêmica do ser humano. Trata-se de etapa pessoal de vida muitas vezes decisiva com relação a uma consistente maturidade pessoal e profissional.

É principalmente nessa etapa que as dificuldades primárias da vida humana não permitem ser mal resolvidas, sob pena de se manifestarem negativamente ao longo de toda uma existência.

Especificamente com relação à aprendizagem e à posse de conhecimentos, a avaliação permite ao educando identificar a clareza de sua apreensão e entendimento, tendo em vista sua aplicação da forma a mais consequente possível.

1.4
Autores vários sobre conceitos diversos de avaliação: a relevância da avaliação formativa

Convido você para analisarmos vários autores que tratam da grande importância da avaliação em todo o contexto do ensino e da aprendizagem.

Para Saraiva, por exemplo, permite-se torcer pelo sucesso da ação educativa quando de sua relação com a avaliação. Para ela, "se a avaliação permear todo o processo de ensino-aprendizagem e se for entendida em todas as suas dimensões – avaliação do aluno, do professor, da escola–, possibilitará ajustes que contribuirão para que a tarefa educativa seja coroada de sucesso" (Saraiva, citada por Both, 2008, p. 27).

A autora também faz relação direta entre desempenho do aluno e ensino ofertado. Se o desempenho do aluno não corresponde às expectativas, é porque sua avaliação detectou desvios de aprendizagem. Segundo ela, "avaliar a aprendizagem do aluno significa, concomitantemente, avaliar o ensino oferecido". E mais: "se não houver a aprendizagem esperada, estamos diante de uma certeza: o ensino não cumpriu sua finalidade – a de fazer aprender" (Saraiva, citada por Both, 2008, p. 27).

A presença da avaliação não constitui formalidade obrigatória, mas natural e conveniente em função da aprendizagem. Onde há aprendizagem existe avaliação que perpassa todas as iniciativas educacionais.

Se a aprendizagem não ocorre naturalmente, é porque, entre outros motivos, não aconteceu suficiente avaliação. A aprendizagem sugere:

- amplo domínio de conhecimentos a respeito dos temas abordados;
- aplicação dos conhecimentos assimilados;
- abordagem e aplicação prática dos conhecimentos de forma criativa, em atendimento às necessidades pessoais e sociais detectadas.
- Percebemos que o "ser professor" não se torna somente processo importante, mas fundamental e decisivo no contexto educacional; no entanto, o "saber ser professor" é uma função ainda mais instigante e necessária. Isso se explica de forma mais nítida em função de duas realidades:
- o ato de ensinar vale a pena quando ocorre aprendizagem;
- o ato de ensinar com a contribuição do aluno rende frutos, porque o ensinar, o avaliar e o aprender conjugam esforços.

Luckesi enfatiza a relevância da aprendizagem. Não que dados periféricos ou secundários não somem para a globalidade da aprendizagem. O que não pode deixar de acontecer numa ação educativa é que tanto a ação avaliativa quanto o resultado da aprendizagem expressem relevância. Por isso, o autor reitera a ação de avaliar "como um juízo de qualidade sobre dados relevantes, tendo em vista uma tomada de decisão" (Luckesi, citado por Both, 2008, p. 39-40).

É muito importante ao educador ter bem presente essa realidade educativa de que, no processo de aprendizagem:

- o professor não deixe de desenvolver com os alunos os conteúdos que são indispensáveis na composição de um tema, sob pena de ocorrerem "furos" ou inconsistências de aprendizagem;

- o professor não despreze os conteúdos ditos *secundários*, *acessórios* ou *periféricos* na composição de conteúdos de um tema, sob pena de eles fazerem falta na consumação da aprendizagem;
- o professor tenha perenemente presente a convicção de que na abordagem de um tema existem conteúdos indispensáveis e secundários, mas que ambos têm a sua importância específica revelada e decidida no contexto da aprendizagem com a intermediação indispensável da avaliação.

Sabemos que a avaliação não se prende unicamente a exercer de forma pontual sua função na relação com a aprendizagem. Ela igualmente cumpre funções curriculares, identificando quais são os conteúdos mais relevantes na composição de um tema de determinada disciplina que integra a grade curricular de um curso.

Penso que você já percebeu que a concepção de avaliação, de autor para outro, não muda muito na essência. Todos eles a concebem como aliada indispensável ao bom desempenho no ensino e na aprendizagem.

As diferenças localizam-se principalmente nas diversas formas de expressar essas concepções de avaliação. Ávila (1972), por exemplo, concebe a avaliação a partir do senso de justiça do avaliador com relação ao avaliado. Para ele, a avaliação "é a ação de apreciar em seu justo valor um ser, situação, atitude ou sentimento, considerando de modo objetivo os fatores ou elementos de que são constituídos" (p. 77-78).

A partir da concepção de Ávila, você poderia fazer-me a seguinte pergunta: como agir para ser justo na valorização de um ser? Essa é uma questão de interesse comum, mas, muitas vezes, com interpretações diversas. É por essas e outras razões que avaliar o ser humano em suas diversas dimensões não é uma tarefa nada fácil. Daí as discrepâncias na concessão de notas ou conceitos a um mesmo grupo de alunos por diferentes professores.

A concepção de avaliação de Ávila (1972) é profissional e academicamente instigante, uma vez que envolve componentes que exigem muita e profunda reflexão a respeito de seus significados e objetivos.

Basta-nos discriminar as expressões que compõem a concepção de avaliação do autor, para percebermos que em avaliação devem ser consideradas não somente as funções da avaliação de forma retilínea, como também as suas decorrências históricas, valorativas e culturais.

Assim, a citação de Ávila, de que "avaliar é a ação de apreciar em seu justo valor um ser", não se basta a si mesma, mas sugere, entre tantas outras interpretações, as seguintes:

- "avaliar é a ação de apreciar" – é um dos objetivos da avaliação apreciar em amplitude e profundidade o nível da compreensão e assimilação que se estabelece na aprendizagem e no consequente desempenho do estudante ou de qualquer outro ser pensante.

  Apreciar pressupõe observar, perceber e acompanhar a quantas anda o aproveitamento do estudante a partir de sua dedicação ao estudo, à pesquisa e à procura do novo com relação aos conteúdos e aos conceitos existentes; apreciar é procurar dar "roupagem" nova aos conhecimentos existentes, por iniciativa própria, bem como contribuir com o professor no desenvolvimento dos conhecimentos que já são de domínio público.

- "... em seu justo valor" – apreciar um ser semelhante em seu justo valor não constitui tarefa nada fácil, uma vez que o conceito de justiça não se estabelece como posicionamento perenemente idêntico em compreensão e em entendimento para todas as pessoas.

  Um mesmo fato ou acontecimento poderá sofrer várias interpretações com relação às suas causas e efeitos de pessoa para pessoa, o que se explica pela formação tanto familiar quanto acadêmica recebida pelo indivíduo, pela influência cultural sofrida por cada pessoa segundo o seu país de origem, pelo meio social onde cada pessoa passou os seus primeiros anos de vida – se na zona urbana, na zona rural ou na periferia das cidades, em que o acesso às informações varia bastante em quantidade e em qualidade de uma para a outra.

É verdade que em torno de um mesmo fato ou acontecimento existe certo lastro de senso comum a todos os países na relação entre causa e efeito; mesmo assim, esse senso comum possui variáveis de interpretação diversa de país a país e de pessoa a pessoa, e é por essas e outras variáveis sociais e culturais, que interferem em decisões no processo de avaliação da aprendizagem, que seus resultados não são exatamente os mesmos de professor para professor com relação aos alunos.

~ "... um ser" – uma das maiores responsabilidades da avaliação é o seu foco centrado no ser humano, cuja dignidade deve ser preservada, defendida e favorecida a qualquer esforço. Avaliar o desempenho de um ser humano demanda muito mais responsabilidade social do que avaliar o desempenho de uma máquina qualquer, cuja função, ainda que social, não passa de um objeto meramente material. O ser humano, este sim, deve ser distinguido no mundo dos viventes como ser pensante, racional, social, imbuído de valores que dignificam a sua existência e a dos demais seres que lhe são semelhantes.

É sobre esse ser que se volta a avaliação, para perceber, apreciar, acompanhar, orientar e identificar o seu desempenho em função de um bem maior: a educação familiar e acadêmica voltada para a sua plena realização pessoal e profissional e a dos demais seres humanos.

Considerando a função da avaliação no processo da aprendizagem dessa maneira, ela se converte em possibilidades de benefício ao ser humano em toda a sua extensão: social e cultural.

Demo (2000) acrescenta um ingrediente diverso à função da avaliação, o de dar sustentabilidade aos resultados positivos alcançados pelos alunos no seu desempenho escolar. O autor diz que "avaliar não é apenas medir, mas, sobretudo, sustentar o desenvolvimento positivo dos alunos. Quer dizer, não se avalia para estigmatizar, castigar, discriminar, mas para garantir o direito à oportunidade. As dificuldades devem ser transformadas em desafios, os percalços em retomadas e revisões, as insuficiências em alerta" (p. 97).

O erro também poderá ter seu valor pedagógico em qualquer situação da vida do ser humano, quando bem aquilatado. É a partir dele que o redimensionamento de atitudes e de comportamentos pode ocorrer. Mas isso nem sempre ocorre, mesmo entre educadores. Leite (1988, p. 92) confirma essa realidade, dizendo que "os resultados negativos da avaliação são utilizados principalmente contra os alunos".

Esse tipo de comportamento de educadores diante de resultados menos positivos de desempenho de seus alunos não é uma atitude corrente nos meios educacionais, mas ainda não está de todo debelada.

Sustentar o desenvolvimento positivo dos alunos talvez seja uma das missões mais desafiadoras de um docente. Mas, ainda que desafiadora, ela pode consagrar a sua realização pessoal e profissional, uma vez que lhe exige permanente cumprimento de sua função de:

- ser um desassossegador do estudante;
- ser um motivador para que o estudo seja encarado como o desafio número um pelo estudante;
- ser um auxiliar na interpretação do significado da luz que desponta lá "no fundo do túnel";

- ser um animador do aluno para que este jamais desanime em seu dever de sustentar alto nível de desempenho.

É missão docente tomar todas as medidas para que o estudante não sofra recaídas comprometedoras no percurso de sua vida estudantil. Esse é um dos desafios que exige muito empenho do professor, mas que, também, poderá lhe valer realização maiúscula.

Penna Firme (1988, p. 137) revela que avaliar é um ato espontâneo e sempre presente em qualquer acontecimento, mas deve ser realizado adequadamente para não ocasionar prejuízo ao avaliado. A autora diz que "avaliar é um momento inevitável de qualquer atividade humana", mas que "se a falta de avaliação é grave, igualmente prejudicial é a sua inadequação".

Penna Firme tem sido, possivelmente, uma das melhores professoras com a qual tivemos a oportunidade de conviver nos meios acadêmicos, principalmente pelos seguintes motivos:

- alegria no cumprimento da função docente;
- domínio amplo, atualizado e profundo dos conteúdos sugeridos pelo ementário da disciplina;
- percepção e atitude interdisciplinar em todos os encontros acadêmicos;
- didática acolhedora e instigante no desenvolvimento do plano de ensino.

A autora afirma que a avaliação perpassa o dia a dia de toda pessoa, mas também alerta para o prejuízo acadêmico que poderá ocorrer a partir de uma avaliação mal concebida e elaborada.

Para ela, toda iniciativa avaliativa deve ser concebida e conduzida com a função precípua de facilitar a aprendizagem do estudante. A partir desse seu posicionamento, podemos apontar alguns dos benefícios exarados a partir de uma avaliação bem formulada:

- levar o aluno a perceber que a avaliação é oportunidade a mais para a ampliação e o aprofundamento da aprendizagem;
- esclarecer que a avaliação estabelece mediação entre o ato de ensinar e o de aprender;
- firmar convicção de que todo o processo avaliativo necessita ser bem preparado, com vistas a envolver todos os principais conteúdos que compreendem um tema.

A manifestação de Raths a respeito de objetivos da avaliação, ainda que tenha ocorrido em tempos bastante distantes dos atuais, representa, no entanto, muita atualidade prática na relação entre avaliador e avaliado. O autor diz que "a avaliação é o processo que consiste em ajudar alguém a enxergar mais claramente o que está tentando fazer" (Raths, citado por Both, 2008, p. 49).

Concebida da forma como o autor a revela, a avaliação sugere vários aspectos positivos e práticos ao mesmo tempo, como:

- ser esta uma das funções docentes – "...ajudar alguém a enxergar mais claramente o que está tentando fazer" ou enxergar;
- ser este um dos principais objetivos da avaliação – o de tornar acessível e mais fácil a aprendizagem;
- ser o professor igualmente um mediador entre os conteúdos por ele apresentados e os selecionados pelos alunos, para fins de efetiva aprendizagem.

Para o mesmo autor, ainda, "o principal fator de motivação que decorre da ação de avaliar deve ser favorecer a melhoria do ensino-aprendizagem". (Raths, citado por Both, 2008, p. 49).

Chadwick revela olhares mais alargados com relação às funções de avaliação. O autor manifesta ao mesmo tempo percepção comum aos demais autores com relação à sua característica diagnóstica de avaliar em função de tomada de decisão, mas diferencia-se deles quando se trata de visão mais abrangente de encarar o papel da avaliação: a adequação curricular no meio escolar. O autor encara a "avaliação educacional como uma tomada de decisões e de diagnósticos quando se trata de desvios verificados tanto no currículo do curso quanto no próprio sistema escolar" (Chadwick, citado por Both, 2008, p. 49).

Essa percepção bastante alargada a respeito da função avaliativa, a de lançar um olhar não somente sobre a aprendizagem escolar, especificamente, como também sobre a base curricular que dá sustentação à aprendizagem, não é muito comum entre os avaliadores, mas muito oportuna.

A visão funcional de avaliação nessa perspectiva permite aos interlocutores educacionais algumas ilações academicamente muito importantes, como:

~ o currículo de um curso deve ser percebido pela totalidade dos professores primeiramente como um conjunto de conteúdos organicamente organizado e, posteriormente, a sua distribuição (dos conteúdos) na individualidade das disciplinas ou temas;
~ a percepção interdisciplinar do professor permite favorecer o aluno na escolha dos conteúdos com excelente conhecimento de causa não somente a partir do foco na individualidade de uma disciplina ou tema, como também no conjunto das que compõem a grade curricular de um curso;
~ o aluno sente-se incentivado a desenvolver os conteúdos de uma disciplina ou tema com o professor.

Agora convido você a me auxiliar no apontamento de expressões-chave utilizadas pelos autores em seus posicionamentos com relação às concepções e aos objetivos da avaliação escolar. Entre outras, possivelmente concorda comigo em optarmos pelas seguintes expressões, como indicadores de cumprimento de papel de avaliação, segundo os autores estudados:

- favorecimento de ajustes para o sucesso da ação educativa;
- exigência de juízo de qualidade sobre dados relevantes;
- transformação das dificuldades em desafios;
- ato inevitável em qualquer atividade humana;
- inadequação da avaliação como ato prejudicial;
- favorecimento do ensino e da aprendizagem;
- cumprimento de diagnóstico para tomada de decisão.

É possível perceber que as expressões listadas não revelam contradições com relação às concepções de avaliação; apenas diferem em uma e outra oportunidade em caminhos que as levam a cumprir seus objetivos.

Perceba você que avaliar, ainda que seja uma atividade imprescindível em qualquer meio no qual se encontram seres humanos, requer-lhe muito espírito de abnegação, de justiça, de solidariedade, de compromisso com o bem comum e mesmo de muita coragem acadêmica.

Por vezes, a ação de avaliar requer do avaliador mudanças de atitudes até mesmo bruscas, dependendo da realidade educacional ou social em que ela intervém.

Figurativamente falando, até certas atitudes assemelhadas a malabarismos tornam-se usuais pelo avaliador, tamanha a diversidade de situações socioculturais, étnicas, religiosas e outras mais por ele encontradas, que exigem atitudes diversificadas de flexibilidade nas decisões a serem tomadas, mesmo que a essência da concepção de avaliação seja universalmente a mesma para todos os casos: valorização do ser humano em suas dificuldades e virtudes.

Tais atitudes diversificadas do professor são facilmente percebidas quando da passagem de um nível escolar para outro, em que o sentido de avaliação é o mesmo, o de facilitar a aprendizagem, mas as atitudes de ordem didática e metodológica são necessariamente variadas.

A necessária variação de atitude didática e metodológica de um para outro nível escolar se justifica por motivos diversos, como:

- atender à capacidade de escolha, de compreensão e de assimilação de conhecimentos e ao ritmo de aprendizagem dos alunos;
- ser professor para todos sempre, mesmo que isso nem sempre seja fácil por conta de comportamentos sofríveis de alguns alunos;
- adotar atitudes didáticas e metodológicas não por escolha de autores da moda, mas porque essas são as melhores, as mais positivas e consequentes para uma boa aprendizagem.

Assim, na individualidade dos níveis escolares percebemos a necessidade de o professor levar em conta – no desenvolvimento de conteúdos e na realização de avaliação – algumas características próprias de amadurecimento social e pessoal dos alunos que integram tais níveis.

Na educação infantil, é necessário acompanhamento e registro do desenvolvimento da criança em seus aspectos físico, psicológico, intelectual e social. De acordo com a Lei nº 9.394/1996[*], "A avaliação far-se-á mediante acompanhamento e registro do seu desenvolvimento, sem objetivo de promoção, mesmo para o acesso ao ensino fundamental" (Brasil, 1996, art. 31).

No ensino fundamental, sugerimos levar-se em conta o "desenvolvimento da capacidade de aprender", a "compreensão do ambiente natural e social, do sistema político, da tecnologia, das artes e dos valores" e o "fortalecimento dos vínculos de família, dos laços de solidariedade humana e de tolerância recíproca" (Brasil, 1996, art. 32).

Para o ensino médio, é essencial a adoção de "metodologias de ensino e de avaliação que estimulem a iniciativa dos estudantes" (Brasil, 1996, art. 36). A mesma lei, no art. 24, aponta a "avaliação contínua

---

[*] *Para ler na íntegra a Lei nº 9.934, de 20 de dezembro de 1996, acesse: <http://www.planalto.gov.br/ccivil_03/Leis/L9394.htm>.*

e cumulativa do desempenho do aluno, com prevalência dos aspectos qualitativos sobre os quantitativos e dos resultados ao longo do período sobre os de eventuais provas finais" (Brasil, 1996).

Em relação à educação de jovens e adultos, o art. 37 da Lei nº 9.394/1996 estabelece que "a educação de jovens e adultos será destinada àqueles que não tiveram acesso ou continuidade de estudos no ensino fundamental e médio na idade própria" (Brasil, 1996). O mesmo artigo, no seu parágrafo 1º, assim expressa: "os sistemas de ensino assegurarão gratuitamente aos jovens e aos adultos, que não puderam efetuar os estudos na idade regular, oportunidades educacionais apropriadas, consideradas as características do alunado, seus interesses, condições de vida e de trabalho, mediante cursos e exames" (Brasil, 1996).

Notamos que a função contínua e cumulativa da avaliação propicia a visualização do progresso escolar do aluno, o que permite intervenções pontuais por parte de professores e pais ou responsáveis no redimensionamento do seu desempenho, quando for o caso.

Outro aspecto de não menor valor escolar é a prevalência da qualidade sobre a quantidade com relação aos resultados alcançados ao longo do período escolar.

Na educação superior (graduação e pós-graduação), a avaliação leva em conta, sobremaneira, a demonstração de competência, a capacidade e a habilidade do aluno e a atitude científica.

Ao longo deste item, percebemos que a convicção acadêmica em torno de concepção de avaliação é atitude indispensável para todos os docentes e para aqueles que dela se utilizam para a identificação do nível de desempenho dos estudantes e dos demais seres humanos.

No entanto, não basta ter uma clara convicção a respeito da função de avaliação se a sua utilização não se concretizar definitivamente. Aliás, existe no meio acadêmico a convicção de que todo professor domina a arte de ensinar e de avaliar, mas que, por motivos vários, não a põe em prática em toda a sua extensão.

Alguns dos motivos que explicam essa deformidade docente encontra guarida nas seguintes constatações:

- ~ insuficiente autonomia docente em função de normas internas da instituição;
- ~ pouca coragem acadêmica para colocar em prática convicções didáticas e pedagógicas, por temor de repreensões e até mesmo de desligamentos funcionais.

Os motivos que levam a algumas deformidades docentes estão numericamente em compasso decrescente, mas ainda vêm causando eventuais prejuízos educacionais cá e lá, ah, isso é verdade.

1.5 Avaliar é dar e perceber valor no ser semelhante

Você e eu sabemos ser da essência da avaliação não se acomodar ao demonstrar os níveis mais e menos positivos do desempenho e da qualidade da competência, da capacidade, da habilidade e da convivência do educando no decorrer de sua vida estudantil, sem nele perceber um comprometimento e uma paralela reação consequente ante suas virtudes e dificuldades.

Conceber a ação de avaliar sob os aspectos de dar e perceber valor em outrem constitui forma pedagógica correta, uma vez que atinge o âmago e a essência do ser humano, mediante o reconhecimento profundo não somente das dificuldades escolares que apresenta, como, e principalmente, dos valores e das potencialidades perceptíveis e latentes.

Sobre dar valor às potencialidades perceptíveis, podemos dizer que:

- é da essência do ser humano valorizar seus sentimentos e potencialidades, bem como os dos outros;
- significa reconhecer que o ser humano é uma fonte inesgotável de virtudes expostas que necessitam ser potencializadas, para que não se percam no tempo sem terem beneficiado o ser semelhante;
- é dar a entender a quem quer que seja que a realização pessoal e profissional está ao alcance de todos, seja qual for a condição humana em que a pessoa se encontra.

Por sua vez, perceber valor nas potencialidades latentes é:

- reconhecer que há potencialidades latentes no ser humano ao longo de todas as faixas etárias, que podem ser desnudadas, reconhecidas e valorizadas;
- fazer com que o ser humano reconheça suas potencialidades, mesmo que se encontre em condições desfavoráveis;
- incentivar e orientar o ser humano a aprender a optar livremente entre a realização pessoal e social e os descaminhos da vida.

Você notou que dar e perceber valor em outrem não constitui tarefa fácil, mas, também, nunca impossível. É plenamente factível dar valor aos seres humanos, uma vez que todos eles, em alguns momentos da vida, demonstraram resultados positivos. Por outro lado, é recomendável perceber valores em todos os seres humanos, uma vez que aqueles se encontram presentes nestes de forma explícita ou implícita (latente).

Os valores tomam forma explícita ou permanecem uma vida toda latentes, dependendo:

- do grau de oportunidades escolares que o ser humano teve ao longo de sua existência;
- do maior ou menor nível de acesso a valores culturais;
- do nível de valorização humana recebida, aceita e assumida;

- do empenho pessoal na busca de oportunidades de valorização da vida;
- da capacidade moral e psicológica, bem como da maturidade mental de dizer "sim" à vida.

Você nota que dar e perceber valores no ser humano não constitui unicamente tarefa obrigatória de quem foi regularmente favorecido por boas oportunidades na vida, mas igualmente por aqueles que se encontram em dificuldades psico-sócio-culturais.

Também é oportuno dizer que, ao mesmo tempo em que perceber valor em outrem é enaltecer a inteligência humana, da mesma forma sentir presença de avaliação em produções literárias é reconhecer o valor criativo de quem promove conhecimentos.

No texto a seguir, além de intensa chamada para objetivos de avaliação, percebemos, também, o ser educador incentivado a se valer de pertinentes critérios em sua ação docente. Vamos lá!

Deus e a avaliação

No princípio, Deus criou os céus e a terra e, ao observar o que havia feito, disse:

— Vejam só como é bom o que fiz!

E essa foi a manhã e a noite do sexto dia.

No sétimo dia, Deus descansou. Foi então que o seu arcanjo veio e lhe perguntou:

— Senhor, como sabe se o que criou é bom? Quais são os seus critérios? Em que dados baseia o seu juízo? Que resultados, mais precisamente, o Senhor está esperando? O Senhor, por acaso, não está por demais envolvido com sua criação para fazer uma avaliação desinteressada?

Deus passou o dia pensando sobre essas perguntas e à noite teve um sono bastante agitado.

No oitavo dia, Deus falou:

> — *Lúcifer, afaste-se de mim!*
> *E assim nasceu, iluminada de glória, a avaliação.*
> (Patton, citado por Ristoff, 2002, p. 19)

O texto "Deus e a avaliação" ressalta a valorização do ser humano como sujeito da construção de conhecimento e dos caminhos de sua própria história. Trata-se de um tratado de avaliação com claros critérios que visam a valorizar o desempenho não somente do ser que educa, mas também daquele que recebe os benefícios da educação.

Claros critérios e reconhecimento de valores humanos são componentes que deveriam estar perenemente presentes no ato de avaliar, mas, como se sabe, isso nem sempre ocorre na medida certa. Tal negativa acadêmica pode causar muitas vezes consequências irrecuperáveis na aprendizagem, por conta de:

- precária, defasada e ultrapassada formação dos formadores de recursos humanos;
- precária formação acadêmica e humana dos recursos humanos em formação;
- formação muitas vezes forjada em teóricos por conta de serem ídolos acadêmicos do momento, mesmo que ultrapassados profissionalmente no tempo e no espaço.

Essas são apenas algumas das causas que levam a quebrar o necessário elo entre claros critérios e reconhecimento de valores no ser humano no ato de avaliar, com vistas a uma aprendizagem do tempo presente, atualizada e consequente.

1.6
Bom senso em avaliação faz-se necessário também

O senso de justiça e o respeito ao ser humano são condições necessárias em avaliação. Se você e eu aceitarmos esses valores no meio educacional, cabe-nos igualmente acrescentar um outro componente: o bom senso.

Fomentar e usufruir da faculdade de bom senso é uma das virtudes que mais beneficia o bem-estar, a prosperidade e a serenidade mental, em função de posicionamentos e de decisões equilibradas a tomar.

Bom senso é um dos fatores que melhor responde a outro fator indispensável na vida humana: o equilíbrio.

Assim sendo, com bom senso e equilíbrio mental a avaliação consegue cumprir, com a necessária objetividade, sua função de mostrar a realidade e a profundidade com que o aluno tomou posse dos conhecimentos.

Já conversamos sobre a dificuldade dos caminhos da avaliação no meio escolar e social, principalmente por dois importantes motivos:

- pela colocação em prática da ação de avaliar o que e como, pois sabe-se que a avaliação não se sustenta pelo simples fato de serem estabelecidos critérios para identificar o quanto o estudante sabe e não sabe; isso é muito pouco e por demais subjetivo;
- pelo fato de o avaliador estar diante de seres humanos, semelhantes a ele, que tem aspirações de sobrevivência pessoal e social, evitando fracassos de qualquer natureza.

Esses dois relevantes aspectos, o de avaliar o que e como, associado ao fator de que, em avaliação, o avaliador se depara com seres humanos, dão a dimensão por si só de que a avaliação é necessária e indispensável, mas que requer ser proposta e aplicada por pessoas com elevado senso de responsabilidade, de justiça e de bom senso, enfim.

Tanto na vida escolar quanto na social não basta querer ser avaliador, sem antes ter a convicção de reunir as suficientes condições de equilíbrio humano e de domínio dos principais aspectos psico-sócio-culturais que interferem no comportamento humano, tanto do avaliador quanto do avaliado.

É sempre bom e pertinente que o avaliador, que cumpre a função de educador, leve em conta algumas particularidades de disciplinamento pedagógico no ato de avaliar em nível escolar, quais sejam:

- nítido entendimento de que sua ação avaliativa recairá sobre um ser semelhante a ele;
- concepção clara e precisa de avaliação processual (formativa) e somativa;
- percepção de que entre a ação de ensinar e a de avaliar não existe hiato de tempo, mas que ensina-se avaliando e avalia-se ensinando, simultaneamente;
- convicção de que ao avaliar não podem ser desconsiderados dados relevantes de um tema.

Paralelamente às particularidades de disciplinamento pedagógico a serem observadas pelo avaliador na ação de avaliar, também lhe cumpre fazer o avaliado perceber que:

- a avaliação jamais deve ser entendida como ação punitiva;
- a avaliação cumpre função de identificação e de incentivo à reação positiva às dificuldades de aprendizagem e de desempenho que eventualmente se apresentarem;
- o ensino e a avaliação constituem ações simultâneas, em que ensina-se avaliando e avalia-se ensinando.

Você percebe, então, que o bom senso escolar requer aceitação, comprometimento e atitudes bilaterais perenes do avaliador e do avaliado. Por isso, redundará em pouco ou em nenhum valor pedagógico o esmero do avaliador em atitudes de bom senso se, de outra parte, o avaliado não se convencer dessa nobre atitude.

Podemos depreender dessa conjetura que bom senso não se torna realidade repentina no ser humano, mas redunda de esforço paulatino e constante por conquista de valores éticos de solidariedade e valorização humana.

Bom senso se traduz mais por clareza de conceitos de educação e de avaliação do que por eventuais usos de tecnologias avançadas e de instrumentos da atualidade no ato de avaliar. Estes poderão, sim, mostrar boa utilidade quando empregados a partir de concepções claras e consequentes de educação, genericamente, e de avaliação, como sua importante aliada.

1.7
O avaliador como educador por excelência

Penso que você já entendeu que não convém pedagogicamente tratar de ensino, aprendizagem e avaliação de forma individualizada e ao mesmo tempo anunciá-los como formadores de processo educacional.

Podemos, sim, tratar de cada um deles separadamente, mas somente para fins de explanação e compreensão em nível escolar e acadêmico. Pedagogicamente, na verdade, formam os três componentes um bloco interdependente e processual, enfim.

Nesse contexto, o avaliador contempla-os, trata deles e os coloca em prática sob visão de globalidade, sem temporalizá-los, a fim de decidir um momento para ensinar e aprender e outro para avaliar.

E você, sabe dizer por que e como o avaliador igualmente pode ser considerado um educador? Acompanhe meu raciocínio, que logo, logo saberá responder pontualmente a esse questionamento.

Acabamos de dizer que ensino, aprendizagem e avaliação encontram-se sob o manto de um mesmo processo. Assim sendo, quem ensina, avalia, simultaneamente, o que quer dizer que todo avaliador é, também, alguém que ensina. E se ensina e avalia, também educa e se educa, é professor e educador.

Mas quem é esse professor/educador que ensina e avalia? Para entendermos melhor essa questão, vamos nos socorrer de um texto que bem ilustra essa preocupação, em que o próprio autor (Both, 2001, p. 60-62) procura definir o bom professor e o educador do futuro:

- *o bom professor certamente não é aquele que muito reprova ou aprova a todos;*
- *o educador do futuro é aquele que toma todas as medidas para que a aprendizagem aconteça para todos;*
- *o bom professor é aquele que sabe desviar-se da cultura da reprovação;*
- *o educador do futuro é aquele que sabe avaliar ensinando e ensinar avaliando;*
- *o bom professor é aquele que tem consciência do ato de ensinar;*
- *o educador do futuro é aquele que se preocupa em dar sentido aos conteúdos escolares, aproximando-os da realidade vivida pelos alunos;*
- *o bom professor não é somente aquele que disponibiliza uma grande gama de conteúdos aos alunos, mas o que sabe viabilizar a capacidade de associação de ideias dos estudantes;*
- *o educador do futuro é aquele que facilita a busca e seleção de informações;*
- *o bom professor é aquele que orienta o processo da passagem da informação para o conhecimento;*
- *o educador do futuro é aquele que auxilia na contextualização do conhecimento com a realidade vivenciada pelos estudantes;*
- *o bom professor é aquele que propicia o desenvolvimento da capacidade de aplicação consequente dos conhecimentos;*
- *o educador do futuro é aquele que procura conhecer a realidade pessoal e social dos alunos;*

- o bom professor é aquele que procura inserir a realidade dos acontecimentos na estruturação dos conteúdos de suas disciplinas;
- o educador do futuro é aquele que sabe utilizar-se dos meios e instrumentos de comunicação, conectando o cotidiano com os diferentes contextos educacionais;
- o bom professor é aquele que sabe que a educação é a chave para a transformação da sociedade e para a melhoria da qualidade de vida das populações;
- o educador do futuro é aquele que sabe respeitar o jeito de ser, o ritmo e o conhecimento dos seus alunos;
- o bom professor é aquele que sabe reconhecer na educação o melhor meio para a conquista da cidadania;
- o educador do futuro é aquele que sabe trabalhar com alunos que manifestam maiores aptidões em uma disciplina do que em outra;
- o bom professor é aquele que sabe identificar e contornar os principais fatores que dificultam a aprendizagem;
- o educador do futuro é aquele que sabe ensinar, sim, mas que prefere trabalhar com o aluno e fazê-lo produzir;
- o bom professor é aquele que sabe contribuir na elaboração de projeto político-pedagógico para a sua unidade escolar e desenvolve as suas atividades a partir dele;
- o educador do futuro é aquele que sabe apontar os problemas de aprendizagem dos alunos, mas que também sabe identificar os problemas de "ensinagem" da escola e do professor;
- o bom professor é aquele que também sabe valorizar o que o aluno sabe e não principalmente o que não sabe;
- o educador do futuro é aquele que busca permanentemente o próprio aperfeiçoamento;

- *o bom professor é aquele que percebe que os tempos mudam e que necessita neles mudar;*
- *o educador do futuro é aquele que sabe que, sendo bom educador, pode constituir, juntamente com a família, um dos principais pontos de equilíbrio do nível comportamental e da delinquência escolar e social;*
- *o bom professor é aquele que apresenta aos alunos mais dúvidas do que soluções;*
- *enfim, o bom professor e o educador do futuro primam pela alegria de educar.*

Essa citação procura visualizar o ser professor, hoje, perspectivando-o no educador de amanhã.

Não sei se você percebe alguma diferença entre ser professor e ser educador. Pessoalmente, entendo que a nomenclatura *educador* expressa mais ampla, rica e pontualmente as funções de quem ensina e avalia.

Em primeira instância, professor é um conteudista, um "passador" de conhecimentos e não muito mais do que isso, ao passo que educador é aquele que, além de demonstrar conteúdos, igualmente cumpre função de educar, de mostrar caminhos, de provocar a participação ativa do educando na promoção e renovação de conhecimentos.

A verdade é que a língua latina nos pode socorrer com certa propriedade, quando mostra a origem da palavra *educar*. Em latim, educar quer dizer *educere*, ou, desmembrando a palavra, *ex-ducere*, que, por sua vez, significa "extrair ou conduzir de dentro para fora". Em outras palavras, essa operação – conduzir de dentro para fora – permite deduzir que o educando deve ser provocado a se expressar com conhecimento de causa a respeito de certo conhecimento de que o educador está tratando.

O educador permite-se convidar o educando a participar ativamente da ação educativa, do ser professor ou, melhor dizendo, do também ser educador, de manifestar e expressar ativamente suas experiências com relação a certo conhecimento.

Talvez você esteja se lamentando porque nos dias atuais são raros os estabelecimentos de ensino que cultuam a língua latina, não para aprendê-la como uma segunda língua, pois trata-se de língua morta, mas para facilitar a aprendizagem da própria língua portuguesa. Sabemos que as raízes de grande parte das palavras corriqueiramente utilizadas na língua portuguesa provêm de raízes latinas.

Você percebeu que neste item pouco conversamos a respeito de avaliação? E era necessário abordá-la? Penso que não, pois falamos tanto em educador e educando, elementos em que, necessariamente, ensino, aprendizagem e avaliação se fazem presentes. Para reavivar sua memória, lembra-se de quando anteriormente, no texto, concordamos que "ensina-se avaliando e avalia-se ensinando"?

Pois é, essa simultaneidade no ato de ensinar e no de avaliar é uma decisão educacional perene, uma vez que o vínculo acadêmico entre os dois não pode jamais quebrar, sob pena de novamente se formar hiato processual pedagógico entre os dois.

capítulo 2

Em educação presencial ou a distância, a avaliação cumpre igual objetivo: favorecer a aprendizagem e o desempenho

Da mesma forma como até aqui abordamos com a necessária profundidade a avaliação em seus aspectos formativos, trataremos com a merecida atenção da avaliação na modalidade somativa, mas esta sempre como fiel aliada da avaliação formativa.

A avaliação processual (formativa) cumpre função contínua no processo de ensino-aprendizagem, ao passo que a somativa intervém nele de forma pontual, numérico-estatisticamente. Essa modalidade, ainda que menos recomendada pedagogicamente nos meios escolares, não deixa de ter sua importância, principalmente quando o valor numérico, a média e o fator estatístico continuam sendo bastante valorizados nos meios educacionais oficiais.

Possivelmente você já manifestou interesse em conhecer as diferenças práticas e pedagógicas entre educação presencial e a distância. É louvável esse seu interesse, uma vez que ainda existe, por um lado, certa desconfiança com relação à validade e à qualidade do ensino ofertado na modalidade a distância e, por outro lado, perdura a descrença referente à qualidade da educação presencial.

A desconfiança com relação à educação a distância deve-se muito em função de seu desconhecimento por grande parte da massa populacional, enquanto a descrença referente à educação presencial decorre principalmente de sua vagarosa e indecisa reação por melhores resultados educacionais.

Podem ser citadas ainda outras pequenas e relativas diferenças entre as duas modalidades de educação, a saber:

a) Educação presencial:
- flexibilidade de emprego de métodos e de metodologias de ensino de acordo com as necessidades escolares do dia a dia;
- possibilidade de negociação pontual de interesses acadêmicos com o professor;

- prática de relativa autonomia de estudo;
- capacidade de autodeterminação nem sempre compatível com as necessidades acadêmicas;
- alcance geográfico limitado, o que reduz possibilidades de realização de cursos em nível de graduação e de pós-graduação onde quer que os interesses se manifestem;
- disponibilidade de cursos de formação e qualificação em todas as áreas de conhecimento;
- atuação docente por vezes não compatível com algumas exigências acadêmicas, devido à insuficiência de profissionais qualificados para atendimento com igual performance a todas as necessidades educativas.

b) Educação a distância:
- métodos e metodologias de ensino elaborados especialmente para atenderem a essa modalidade de ensino;
- reduzida possibilidade de negociação entre aluno e professor em aula, o que poderá ser suprido mediante atendimento de tutoria e por mecanismos de comunicação múltipla;
- elevada capacidade de autonomia de estudos pelo aluno;
- elevada capacidade de autodeterminação acadêmica;
- ilimitado alcance geográfico dessa modalidade de ensino;
- elevado nível de competência docente;
- diversidade de mecanismos de comunicação com os alunos diminuem sua dependência do professor;
- materiais didáticos elaborados de forma dialógica por especialistas, bem como disponibilidade de tecnologias avançadas que favoreçam a aprendizagem;
- fixação dos alunos em seu meio cultural e social, uma vez que a educação a distância encontra-se aí à sua disposição.

As abordagens comparativas efetuadas entre ensino presencial e a distância não podem ser tomadas invariavelmente *ipsis litteris*, uma vez que sua variação está diretamente relacionada tanto à capacidade de organização acadêmica de cada instituição de ensino quanto a características sócio-econômico-culturais locais e regionais.

Ambas as modalidades estão em condições de ofertar ensino de excelente qualidade. Além disso, em termos legais, os diplomas dos formados pela via de educação a distância possuem o mesmo valor nacional que os dos concluintes na modalidade presencial.

O Decreto da Presidência da República n° 5.622[*], de 19 de dezembro de 2005, no seu art. 5°, ao tratar do valor legal dos diplomas em nível nacional, assim se expressa: "Os diplomas e certificados de cursos e programas a distância, expedidos por instituições credenciadas e registrados na forma da lei, terão validade nacional".

Esse artigo dirime as principais dúvidas que até então ainda estavam perdurando com relação à validade dos diplomas decorrentes de cursos de educação a distância e, por extensão, encoraja novas iniciativas de cursos nessa modalidade de ensino.

Cabe também dizer que, ainda que esteja presente no Brasil de maneira mais intensa desde a década de 1990, a educação a distância veio se firmar de vez como mais uma modalidade educacional, mas sem pretensão de tomar conta sozinha das atividades educativas.

Assim como em países da Europa e da América do Norte, nos quais essa modalidade de ensino soma inúmeras décadas de experiências sem fechar espaços para a educação presencial, da mesma forma ela vem se conduzindo em terras brasileiras.

A educação a distância tem seu foco voltado para onde quer que as

---

[*] *Para ler o Decreto nº 5.622/2005, acesse:*

<http://<www.planalto.gov.br/ccivil_03/_Ato2004-2006/2005/Decreto/D5622.htm>.

necessidades educativas se manifestem, mas sem deixar de cumprir sua filosofia de atender àquelas populações em que a educação presencial tem dificuldades de se fazer presente.

Da atualidade em diante, a educação presencial sofrerá céleres mudanças em seus métodos de oferta de ensino, pressionada principalmente pelo aumento da intensidade do uso de novas tecnologias bem-sucedidas pela modalidade a distância.

Umas das mudanças nesse sentido provavelmente ocorrerá por iniciativa do Ministério da Educação, no sentido de permitir o aumento do percentual de 20% de oferta da carga horária de cada curso de graduação na forma semipresencial.

2.1 Avaliação e excelência em tecnologias educacionais: o que mudou?

Neste item vamos abordar a avaliação de maneira conjunta no contexto da modalidade de ensino presencial e a distância. Mas, de antemão, podemos constatar que os objetivos tanto no ensino presencial quanto no a distância não diferem, uma vez que em ambas as modalidades eles visam favorecer a docência, a aprendizagem e o desempenho dos educandos.

O que tende um tanto a favor da modalidade de educação a distância é o emprego privilegiado de tecnologias de ponta. Tal fato explica-se não a partir de uma eventual preferência desmesurada que esteja sendo cultivada em prol dessa modalidade educacional, mas por conta de uma tendência fundamentada em responsabilidade social, motivada por uma gradual democratização de acesso aos benefícios educacionais.

O esforço de instituições de Ensino Superior (IESs) em se equiparem tecnologicamente da melhor maneira possível também tem muito a ver com o largo alcance que a modalidade de ensino a distância possibilita. Via satélite, essa modalidade faz chegar o ensino de diferentes níveis onde de outra forma tal acesso não seria possível. Via satélite a educação consegue se fazer presente democraticamente, onde quer que os interesses por ela se manifestem.

A educação na modalidade a distância, com o emprego de tecnologia avançada, tardou a se fazer presente em território brasileiro de forma contundente, no entanto, a essa altura ela vem se firmando e demonstrando progressos de forma acelerada.

Percebo que você já se deu conta de que com a implantação de tecnologia avançada para atender à modalidade de ensino a distância, igualmente o ensino presencial vê-se largamente favorecido.

Sabemos que uma boa parcela dos tutores, dos professores e do pessoal técnico e administrativo que atua em educação a distância igualmente atende ao ensino presencial. A tecnologia que serve à educação a distância também está disponível para atender a necessidades específicas da educação presencial.

Mas o que aproxima e diferencia o ensino presencial do a distância quando de sua relação com a avaliação? Possivelmente sejam os próprios termos *educação* e *avaliação* que caracterizam grande expressão de proximidade acadêmica e pedagógica entre si.

Tanto a modalidade de ensino presencial quanto a modalidade a distância almejam como resultado final a educação. Do mesmo modo, tanto a avaliação na educação presencial como na a distância visa facilitar e melhorar a aprendizagem para todos.

Outro fator que aproxima ensino presencial e a distância é a empatia que se estabelece entre professor e aluno no transcurso da aprendizagem. Se no primeiro ela se concretiza diretamente por meio da relação olho no olho e mente a mente, no segundo ela ocorre igualmente de forma direta, mas somente mediante a interligação de mentes, uma vez que nessa modalidade nem todas as tecnologias permitem uma visualização ocular bilateral simultânea entre mestre e discípulo.

A crença na possibilidade de presença da empatia interpessoal entre professor e aluno no ensino a distância – mesmo nos casos em que somente o aluno visualize o professor – decorre da certeza fomentada pelas duas partes de que ambos são vivamente partícipes desse processo de aprendizagem.

Não devemos entender aqui estar sendo estabelecido confusão com relação ao significado dos termos *ensino* e *educação*, uma vez que, enquanto o primeiro cumpre função de meio deste, o segundo é resultado daquele.

Possivelmente o que mais diferencia o ensino presencial do a distância seja o respectivo *modus operandi*, a operacionalização didático-pedagógica característica, o emprego diferenciado de tecnologias.

Cabe dizer, de antemão, não ser o emprego de tecnologias avançadas o que necessariamente determina excelentes resultados para uma e outra modalidade de ensino, mas a adequada utilização dessa tecnologia segundo as características de cada modalidade.

Você percebe, pois, que o objetivo da avaliação nas duas modalidades de ensino é idêntico: valorizar a educação mediante conquista de excelente aprendizagem.

Também percebe não ser tarefa das mais fáceis tratar de avaliação em sua forma pura, reservada, individualizada, sem entrar simultaneamente em abordagens que tenham a ver com educação, ensino, aprendizagem, desempenho. Isso ocorre pela convicção que se nutre no fato de que esses componentes formam processo interativo, interdependente, permanente e fortemente cooperativo, enfim, processual.

A avaliação constitui um dos pontos altos também na educação na modalidade a distância, da mesma forma como na educação presencial.

É de lei que a avaliação em educação na modalidade a distância ocorra na presença dos alunos. Esse fato é altamente positivo, uma vez que essa decisão permite aos cursos organizarem suas avaliações como momentos a mais de aprendizagem, em vez de constituírem meras formalidades.

Para os alunos, a avaliação presencial faculta, além do aumento e da melhoria da aprendizagem, o aprimoramento da capacidade de reflexão, de decisão, de escolha, bem como a defesa de ideias por escrito. Ainda vale acrescentar que a possibilidade de aprimoramento no domínio da língua portuguesa também poderá ser fator positivo a se concretizar por conta da avaliação presencial.

A Portaria Normativa do MEC nº 2/2007*, que dispõe sobre procedimentos de regulação e avaliação da educação superior na modalidade a distância, expressa-se da seguinte forma quando trata de momentos presenciais obrigatórios em EaD: "Os momentos presenciais obrigatórios, compreendendo *avaliação*, estágios, defesa de trabalhos ou prática em laboratório, conforme o art. 1º, § 1º, do Decreto nº 5.622, de 2005, serão realizados na sede da instituição ou nos polos de apoio presencial credenciados" (art. 2º, § 2º).

Você percebe que avaliação não constitui fato isolado nem no ensino presencial nem na educação a distância. Seu valor pedagógico muitas vezes transcende a compreensão tanto de educadores quanto de educandos. Bem realizada, ela se faz absolutamente necessária para que o ensino e a aprendizagem sejam produtivos, consequentes e para que valham a pena.

Ainda que os poderes públicos tenham protelado, em torno de 50 anos, a implantação e a implementação do ensino a distância em terras brasileiras, em comparação com outros países, entre eles Estados

---

* *Para ler na íntegra o texto da Portaria Normativa nº 2, de 10 de janeiro de 2007, acesse:* <http://portal.mec.gov.br/seed/arquivos/pdf/legislacao/portaria2.pdf>.

Unidos, Canadá, Espanha, Inglaterra, essa modalidade de ensino veio para se firmar no tempo presente.

O ensino a distância, além de sua crescente afirmação em todo o território nacional, mostra-se aberto a beneficiar as diferentes modalidades de ensino, o que é corroborado pelo próprio Ministério da Educação, na Lei de Diretrizes e Bases da Educação Nacional, nº 9.394, de 20 de dezembro de 1996, quando, no art. 80, assim se expressa: "O Poder Público incentivará o desenvolvimento e a veiculação de programas a distância, em todos os níveis e modalidades de ensino, e de educação continuada".

Ainda que em grande parte a distância, tal modalidade de ensino preza pela presencialidade do estágio e da avaliação. Essa decisão, e penso que você concorda comigo, foi acertada pelo fato de esses formarem momentos dos mais enriquecedores, tanto em termos técnicos quanto pedagógicos da aprendizagem.

Essa presencialidade de algumas das atividades educativas está igualmente garantida na Portaria Normativa nº 2/2007 do MEC, no art. 2º, com o seguinte teor:

> *O ato autorizativo de credenciamento para EAD, resultante do processamento do pedido protocolado na forma do art. 1º, considerará como abrangência para atuação da instituição de ensino superior na modalidade de educação a distância, para fim de realização dos momentos presenciais obrigatórios, a sede da instituição acrescida dos endereços dos polos de apoio presencial.*

O MEC não impõe rigidez absoluta às IES na organização da metodologia de aplicação e implementação da avaliação da aprendizagem e do desempenho do aluno. Esse fato, ainda que revele boa dose de autonomia às IES, não as exime de tomarem todas as medidas para que o processo avaliativo favoreça da melhor maneira a aprendizagem do aluno.

Cada curso, seja de graduação ou de pós-graduação, organiza as atividades avaliativas que melhor atendem à filosofia do respectivo projeto pedagógico ou de curso. Entre algumas das iniciativas avaliativas no ensino a distância, vamos citar as seguintes:

- ~ avaliações individuais com questões dissertativas e objetivas;
- ~ trabalho de produção de aprendizagem;
- ~ trabalho de produção de conhecimento;
- ~ trabalho de portfólio;
- ~ trabalho de conclusão de curso (TCC).

A avaliação cumpre os mesmos objetivos nos ensinos das modalidades presencial e a distância, que são: levar o aluno a perceber que aquilo que foi realizado poderia ter sido melhor organizado e concretizado, incentivar o estudante a não desanimar diante de dificuldades que, aparentemente, parecem ser insolúveis, decidir-se a não se acomodar diante de uma ação que beira à perfeição, mas que ainda poderá sofrer melhorias, não se sentir desprestigiado quando outrem conseguir dar melhor acabamento a uma obra que ele; enfim, realizar tudo como se fosse a melhor de suas obras, mesmo que somente ele (aluno) pense assim.

2.2
Avaliação e compromisso com excelência de qualidade educativa

A expressão *avaliação*, neste trabalho, parece estar sendo citada de forma privilegiada, no entanto, tal fato ocorre para reivindicar o seu alto valor pedagógico, nem sempre devidamente valorizado e reconhecido no conjunto de um processo educacional.

A valorização da avaliação, neste texto, é expressão firme de que o seu objetivo educacional "anda" no mesmo ritmo e passo que a aprendizagem, em que ambas, de forma interativa e colaborativa, visam à facilitação da aprendizagem e à melhoria de desempenho do educando.

Talvez você concorde comigo que não basta ao professor facilitar a aprendizagem; é preciso ininterruptamente avaliar a sua pertinência, o seu alcance pessoal e social, a sua amplitude e a sua profundidade.

A sintonia entre aprendizagem e avaliação é indispensável, uma vez que não se aprende simplesmente por aprender, é preciso saber para que fim serve essa aprendizagem e como se chegou a ela.

De fato, saber é um fato importante tanto no meio acadêmico como no social, no entanto, saber o que fazer com esse conhecimento, como aplicá-lo, é ainda mais importante. Por isso, vale a pena estar seguidamente repetindo o trio pedagógico que dá realidade à aprendizagem: competência, capacidade e habilidade.

Veja você que a competência denota o domínio de conhecimentos que representa o esforço inicial para a aprendizagem. Mas somente saber não basta ao ser humano, ele não se satisfaz plenamente nem na vida estudantil nem na social. É necessário que os seres humanos saibam aplicar tais conhecimentos em situações reais. Saber é aspecto bastante positivo, mas a aplicação e a colocação em prática de tais conhecimentos é fato significativamente mais importante e útil que o primeiro.

Não saber o que fazer com vasta gama de conhecimentos à disposição não satisfaz plenamente ao homem em particular e à sociedade, genericamente. Almeja-se façanha intelectual ainda maior, a que ajuda o ser humano a, muitas vezes, fazer a diferença na mesmice.

E para saber ser e saber fazer de maneira diferente, tanto estudantes quanto profissionais, muitos dos quais até já consolidados e firmados pessoal e socialmente, socorrem-se de um componente muitas vezes incisivo e decisivo para que essa diferença de fato ocorra: a habilidade.

No entanto, a habilidade é detentora de um ingrediente particular, que é causador do saber ser e fazer diferente: a criatividade. Ser criativo, porém, não significa apenas saber fazer e aplicar de maneira diferente, como também:

- fazer com que o diferente faça, de fato, a diferença;
- que a diferença para melhor propicie aumento de qualidade de vida a todos;
- que o ser humano se conscientize de que os ambientes escolares e as experiências de vida nem sempre apresentam soluções acabadas para todas as necessidades, por isso é decisivo identificar e colocar em prática inspirações criativas que deem cobertura real com soluções faltantes.

Muitas vezes, delinear o caminho que leva à aprendizagem é tão importante quanto o domínio dos conteúdos que a integram. Isso significa que uma aprendizagem poderá ser tão mais benéfica quanto melhores e mais apropriados forem os conteúdos que a compõem e os critérios adotados para a sua seleção.

Toda avaliação usa necessariamente de consequentes critérios na identificação da amplitude e da profundidade de aprendizagem do estudante. E tais critérios levam em conta, por exemplo, num processo de avaliação com base em conteúdos desenvolvidos sobre um determinado tema de uma mesma disciplina, entre outras, as seguintes variáveis:

- objetivo a que o professor se propôs no desenvolvimento do tema;
- relação desse tema com os demais que compõem uma mesma disciplina;
- desenvolvimento dos conteúdos mais e menos significativos do tema;

- compreensão da disciplina no contexto das demais disciplinas que compõem o currículo de um curso.

O desenvolvimento de todos os conteúdos, desde os mais aos menos significativos, que compõem cada disciplina de certo curso, permite concluir que ele (curso) não tem "furos", brechas ou hiatos de aprendizagem. Em princípio, o aluno que cumpriu a grade curricular de um curso com tal respaldo de aprendizagem pode se considerar um futuro profissional ao menos minimamente preparado para o mercado de trabalho.

2.3
A aprendizagem é facilitada quando a avaliação é consequente

Em várias oportunidades debatemos a questão de que avaliar é preciso sempre. Optamos pela avaliação como âncora perene de identificação, não somente do volume de conteúdos sob domínio do aprendiz, mas, também, de percepção do nível de qualidade desses conteúdos, com vistas a favorecer a melhor aprendizagem possível no entorno da temática em foco.

É a partir desse entorno de aprendizagem que envolve um processo de avaliação consequente que emanam muitas das formulações pedagogicamente corretas, como:

- aprendizagem e avaliação se estabelecem a partir de diálogo aberto, no qual hierarquia para influência pedagógica não se firma como a preocupação mais importante;
- o processo de aprendizagem constitui a "massa de bolo", no qual a avaliação cumpre função de "fermento", atingindo e trabalhando a totalidade do conteúdo até atingir seu objetivo;
- a aprendizagem percebe na avaliação: função de voz da consciência que sinaliza se este é o melhor caminho para a

aprendizagem e se os conteúdos que compõem a aprendizagem são significativos e suficientemente consequentes para a sustentação de um certo tema.

Concepções de avaliação existem inúmeras, mas a sua prática nem sempre corresponde às necessidades educacionais. É pena que muitas das práticas avaliativas ainda permaneçam mais em torno do que o aluno não sabe, em detrimento dos conhecimentos que domina.

É por essas e outras que a avaliação ainda é muito concebida e entendida como instrumento de pressão, de medo, de angústia e de desventura educacional.

O objetivo real da avaliação em função de uma boa aprendizagem é:

~ perceber a quantas anda a aprendizagem e que tipo de aprendizagem o aluno está assimilando;

~ "sentir" as potencialidades do aluno e orientá-las a seu favor;

~ provocar, instigar e desassossegar o aluno em função da escolha, da assimilação e da compreensão de conteúdos que realmente contribuam para uma aprendizagem consequente;

~ incentivar e auxiliar o aluno a encontrar ele próprio o melhor caminho para que a aprendizagem de fato ocorra;

~ permitir que a decoreba eventualmente se faça presente na aprendizagem, mas que, logo, logo, o aluno parta para o domínio pleno dos conhecimentos e de sua utilidade.

Pena não ser levada suficientemente em conta a avaliação com base nesses enfoques pedagógicos e educacionais mencionados! No entanto, isso não significa que não se deva continuar a insistir nessa perspectiva e certeza avaliativa, uma vez que em educação também pode ser levada em conta a máxima repetitiva de que "... tanto bate até que fura".

Quando se fala em aprendizagem, deveria estar sempre e necessariamente embutida a palavra *avaliação*, mesmo que esta não seja, todavia,

79

a todo momento, pronunciada ou escrita formal e ostensivamente. O que pretendemos enfatizar com essa assertiva é que o processo de aprendizagem jamais deixe de levar a efeito de maneira simultânea e permanente o dueto **aprendizagem** e **avaliação**.

Esse ordenamento acadêmico e social nem sempre ocorre com a regularidade e a sinceridade desejadas e defendidas como neste texto, não porque a academia e a sociedade não queiram que assim seja, mas porque lhes falta firmar convicção plena de que o aprender e o avaliar não sobrevivem nem acadêmica nem socialmente na individualidade.

Percebemos que a palavra *ensino* não vem sendo levada à baila, hoje, com tanta veemência como **aprendizagem** e **avaliação**, ainda que não vão longe os tempos em que, ao se tratar de aprendizagem, era *ensino* a expressão de vanguarda nos meios acadêmicos. Atualmente se prescinde da palavra *ensino*, uma vez que a mesma vem sendo substituída por *aprendizagem* como sua consequência ou resultado.

Tal inversão hierárquica de nomenclaturas não está se dando por acaso, pois trata-se de uma mudança de percepção pedagógica bilateral diversa, que pode ser colocada da seguinte maneira:

- ~ aprendizagem e avaliação são processos escolares consequentes da ação de ensinar;
- ~ ensino não mais constitui ato solitário de professor em função da aprendizagem do aluno, mas ato solidário em que docente e discente se corresponsabilizam pela aprendizagem;
- ~ ou, melhor ainda, enquanto aprendizagem e avaliação cumprem função de "fermento", o ensino constitui a "massa".

Esse demonstrativo ajuda a explicar a inversão de valores que vem sendo estabelecida na relação ensino, aprendizagem e avaliação.

Não pretendemos diminuir a importância do ato de ensinar no processo educacional, em particular, e no formativo, genericamente, mas ressaltar que o processo de aprendizagem é resultante de ato solidário e corresponsável que se estabelece entre professor e aluno.

Melhor dizendo, o aprender é consequência da ação facilitadora de aprendizagem implementada por professor e aluno. Assim sendo, o ato de ensinar passa de ação solitária (professor) para solidária (professor e aluno).

Assim, aprendizagem e avaliação devem ser desenvolvidas e tidas em alto nível acadêmico, uma vez que não subsistem nem persistem pedagogicamente por si só, pelo nome e significado que ostentam.

Aprender por aprender faz pouco sentido para a vida estudantil. Da mesma forma, avaliar somente por avaliar pouco ou nada tem a ver com melhoria de aprendizagem.

Por isso mesmo, e você há de concordar comigo, o compromisso interativo entre aprendizagem e avaliação eleva a importância acadêmica que ambos nutrem por uma educação que valha a pena.

Cumprindo a avaliação função, de fato, de "voz da consciência" da aprendizagem, tem-se a convicção acadêmica de que o desenvolvimento educacional de um aprendiz é consistente e consequente, rumo à sua realização pessoal e profissional.

2.4
Ter clara concepção de avaliação é fato positivo, mas saber ensinar avaliando é a verdade máxima em aprendizagem

Por mais que estudemos e divulguemos a necessidade indispensável da função interativa da avaliação com a aprendizagem, persiste ela sendo uma verdade aceita, mas pouco praticada. Tal fato deve-se muito à tradição avaliativa que, ao longo dos tempos, foi se firmando como elemento educativo de medida, de verificação e de poder docente, de fato, sem real convicção formativa a respeito do ato de avaliar pelo avaliador tanto docente quanto social ao longo de todo o processo de aprendizagem dos alunos.

Não é posta em dúvida a clareza de concepção em avaliação em função de uma adequada aprendizagem. A dúvida, sim, reside em perceber o real motivo que leva educadores a nem sempre considerarem na prática o compromisso indissociável entre o binômio educativo avaliação-aprendizagem.

Talvez uma das explicações com relação a esse fato ainda resida na máxima: "Por que mudar, se sempre foi assim?".

Se assim for, muitos dos docentes deveriam realizar uma autoavaliação com objetivo de revisarem a sua prática pedagógica e, mais do que isso, inquirirem-se sobre: "Será que o prazo de validade de minha função docente já está vencido?".

Generalizar essa conjectura nem se cogita, mas, que é fundamental a permanente prática de autoavaliação como ponto de partida e de chegada para a identificação do nível pessoal de desempenho docente, ah, isso deveria ser uma prática constante, sim!

Sabemos que o modismo é bastante comum na função docente, em detrimento de uma criatividade que espelhe a real prática pedagógica em função das necessidades educacionais. Aqui não fazemos nenhuma crítica aos abnegados docentes, mas expomos reais constatações que deveriam ser privilegiadas em debates públicos e privados.

Ser docente, na verdade, é ser portentoso "equilibrista" no Brasil e nos demais países da América Latina, se levado em conta o imenso desnível sociocultural dos alunos, em especial, do ensino fundamental, em que o professor necessita cumprir dois objetivos específicos em sua função docente:

    a. desenvolver com naturalidade temas educacionais com os alunos que em seu meio familiar tiveram desde cedo bom acesso aos valores culturais; e

b. resgatar, num mesmo ambiente escolar, os alunos que desde sempre estiveram marginalizados dos benefícios culturais básicos.

Tal realidade ambígua afeta terminalmente a excelência de uma aprendizagem que deveria acontecer em igualdade de condições para todos os alunos.

Por essas e outras razões, é possível entender que o docente brasileiro, assim como o dos demais países da América Latina, necessariamente tem de ser mais e melhor professor que o de países desenvolvidos, nos quais a realidade sociocultural dos alunos do ensino fundamental é bem mais homogênea.

Esse desnível cultural não se manifesta tão perceptível no ensino superior, o que se deve à "caminhada" profissional e/ou formativa, a qual propicia ao alunado contatos e experiências culturais progressiva e cumulativamente.

Mas, seja como for, sempre vale a pena ser professor, quer em país subdesenvolvido, em desenvolvimento ou desenvolvido. Isso se explica pelo fato de que em todos eles o professor necessita cumprir uma função imprescindível: a de ser facilitador da aprendizagem para todos os alunos.

2.5
Ah, se a avaliação falasse...!

Percebemos uma silenciosa manifestação, no texto a seguir, da avaliação a respeito de sua indispensável e insubstituível contribuição no favorecimento de uma aprendizagem consistente e consequente pelos educandos, com vistas à consecução de um bom desempenho em suas vidas pessoal e profissional.

Essa manifestação silenciosa por parte da avaliação, onde quer que o ser humano se encontre, ocorre principalmente por meio de seus parceiros diretos e indiretos – professores e demais seres humanos formalmente pensantes.

Ainda que nem sempre os diferentes parceiros concordem entre si com relação aos conceitos e aos objetivos da avaliação, a sua interpretação e aplicação ocorre genericamente com base nas modalidades formativa e somativa de avaliação.

Tais disparidades – muitas vezes errôneas – de interpretação e de aplicação dos conceitos e dos objetivos da avaliação pelos parceiros, com vistas à facilitação da aprendizagem e à identificação do nível de desempenho dos educandos e dos demais seres humanos, possivelmente levaria a avaliação a manifestar a sua concordância ou discordância ao vivo e publicamente, se tal lhe fosse possível.

No entanto, imaginariamente tentemos passar a palavra à avaliação, para que ela se manifeste a respeito dos seus reais objetivos em meio aos seres humanos que dela se utilizam para fins de aprendizagem e de desempenho.

Então, vamos lá...

Senhores, está com a palavra a AVALIAÇÃO!

Meus parceiros, afirmo-lhes de forma incondicional: prezo valorizar e dignificar o SER humano, sem distinção de cor, raça, religião e condição social.

Para início de conversa, defendo que só vale a pena ensinar e avaliar quando o ser humano é tomado como centro das atenções. Não sendo dessa forma, é esforço inútil que se perde no tempo.

Aproveito esta rara oportunidade que você me concede, não somente para me defender de eventual mau uso ou malversação feitos de minhas funções por outrem. Mas pretendo lhe falar de coração aberto a respeito de minhas reais intenções quando sou convidada a intervir em meios acadêmicos, escolares e fora deles.

De saída confesso-lhes que toda a minha intervenção passa por um caminho denominado *processo*. No entanto, não radicalizo com os avaliadores que me utilizam para fazerem seus julgamentos baseados preferencialmente em números, quantidades, percentuais. Pelo contrário, procuro aproximar-me deles não para neles me acomodar, mas para somar, quando possível, suas contribuições à minha maneira processual de agir.

Entendo as pessoas quando elas manifestam dificuldades para atuarem comigo de forma mais qualitativa e menos numérica. Muito dessa dificuldade é herança da formação de cada um, ou melhor, é questão curricular.

Enquanto cursos de determinada área de conhecimento são contemplados em sua grade curricular com disciplinas do tipo "metodologia do ensino" e "didática", cursos de outras áreas não são merecedores dessa benesse.

Veja que para as pessoas formadas em cursos da área de conhecimento de ciências humanas, letras e artes, por exemplo, é normal seguirem a via da avaliação processual ou formativa, mas para as formadas em outras áreas, esse caminho representa ser, muitas vezes, sinuoso e difícil de trilhar.

Assim sendo, é questão corrente deparar-me com pessoas que explicam resultados de desempenho humano prioritariamente a partir de dados estatísticos, enquanto outras utilizam-se sobremaneira de referências comportamentais para essa explicação.

Digo-lhes estar sendo bem ou mal interpretada em minhas funções desde os tempos mais remotos da humanidade. Nessa época eu era muitas vezes utilizada friamente apenas como instrumento de julgamento em função do bem e do mal, se certas pessoas deveriam ser jogadas às feras ou não, sem levar em conta seus valores positivos.

Mas não precisamos ir tão longe assim, pois ainda hoje um considerável número de pessoas, entre elas muitos educadores, utiliza-se de mim de forma deturpada para realizarem seus julgamentos a respeito de seres humanos. Isso me dói muito, me deprime, pois minha função não vai por aí.

Gostaria muito de que as pessoas me utilizassem para:

~ perceberem valores mais e menos positivos no ser humano, a fim de orientá-lo em seus méritos e dificuldades;
~ empregarem os resultados de avaliação nunca contra, mas a favor do ser humano.

É degradante quando em meios acadêmicos e escolares me utilizam com pouco foco no ensino e na aprendizagem. Esses profissionais sabem que não consigo ser útil sozinha, isoladamente. Sou produtiva e útil, sim, quando me é permitido atuar de forma harmoniosa, interativa e solidária com o ensino e a aprendizagem.

Você já percebeu que figurativamente deram-me duas mãos como de uma pessoa destra, em que, nesse caso, a direita consegue demonstrar mais habilidades que a outra. A mão direita atende pelo nome *avaliação processual* e a esquerda por *avaliação somativa*.

Não são comparações que imediatamente caem no gosto das pessoas, mas auxiliam-me a entendê-las mais facilmente. E não pensem vocês que me sinto depreciada em minhas funções com essas comparações.

O que me deixa preocupada é a falsa impressão que muitas pessoas, incluindo educadores, têm com relação à função de cada uma das mãos – avaliação processual (formativa) e avaliação somativa.

Entendem que ambas as mãos executam as mesmas funções com igual habilidade e proveito, o que é uma inverdade. A diferença de habilidade consequente entre as duas pode-se explicar da seguinte forma:

~ a mão direita "avaliação processual ou formativa" visa à melhoria de desempenho do aluno, sua realização como ser humano e prontidão à disponibilidade,

~ ao passo que a mão esquerda "avaliação somativa" preocupa-se com tomadas de decisão com base em dados eficientes e consequentes.

Para um bom entendedor, essas mãos não se "ferem", mas se "lavam", se entreajudam, em função de adequados e consequentes favorecimentos acadêmicos e escolares.

O Brasil é um imenso território com vastas cadeias alimentares e industriais. Ambas contribuem fortemente para este país merecer o título de 10ª economia do mundo. Mas, infelizmente, esse honroso título não se reflete em suficiente democratização social dos benefícios que dele poderiam advir.

Por outro lado, nosso país está se encaminhando cada vez mais para a urbanização total, pela ausência de efetivas políticas de retenção das pessoas na zona rural.

Entristece-me imensamente essa situação, pelo inábil uso que é feito de mim, **avaliação**, com relação a essa questão. Eu teria todas as condições de propiciar justificativas de desarmamento da falsa propaganda que alimenta a irrefreável atração por supostos empregos que estariam em profusão à disposição do homem do campo na zona urbana.

Por conta de uma **avaliação** mal encaminhada a respeito das realidades próprias de emprego na zona rural e na urbana, ocorrem, geralmente, dois fatos:

- um, de decepção, pela constatação de insuficiência de empregos na zona urbana;
- e outro de imediata queda da autoestima dos candidatos quando do reconhecimento de seu despreparo profissional para o exercício das funções dos empregos existentes na zona urbana.

A consequência dessa malfadada situação de desemprego torna-se, muitas vezes, convite para outras iniciativas de sobrevivência menos honradas na informalidade.

Como **avaliação**, tenho plena consciência que poderia ser utilizada de forma bem mais proveitosa do que como vem ocorrendo. Talvez eu não tenha conseguido justificar suficientemente minha utilidade junto aos diferentes meios sociais desde que apareceu o ser humano na face da Terra. Mas, se ainda for possível, gostaria de me redimir desse fato, propondo as seguintes sugestões:

a. aos educadores:

- que entendam e façam entender aos outros que mais do que servir de medida nos meios acadêmicos e escolares, pretendo intermediar a valorização do ser humano em seus aspectos positivos e nas suas deficiências;
- que tomem consciência e conscientizem as pessoas a deixarem de alimentar receio por mim, pois não é função minha castigar, mas prestar incentivo e apoio;

- que se convençam de que não é função minha aprovar ou reprovar, mas ficar à disposição do ensino e da aprendizagem na intermediação de providências que levem a todos os alunos a lograrem êxito em seus estudos;
- que se conscientizem de que nos meios escolares, nas residências, nas ruas, no meio rural ou seja onde for, o ato de ensinar e o de avaliar sejam justapostos de forma solidária e simultânea.

b. aos demais profissionais na condição formal ou informal:
- que retornem aos meios escolares para se assegurarem dos reais objetivos meus em qualquer ambiente de trabalho;
- que eu não seja utilizada para separar pessoas, mas para aproximá-las e torná-las solidárias;
- que eu não seja empregada prioritariamente como medida quantitativa, mas como meio de reconhecimento dos valores latentes e ostensivos do ser humano;
- que o reconhecimento profissional ocorra pela valorização simultânea do **saber** e do **saber ser** dos funcionários.

Como **avaliação**, também gostaria de dizer que não sou contra os meus parentes próximos denominados medida, classificação, verificação e outros ainda menos conhecidos, mas também não nutro grandes simpatias por eles, por diversos motivos:
- porque confundem as pessoas com relação à minha função primeira, que é a de valorizar o certo e o erro, sem deixar de reconhecer dificuldades de aprendizagem e de desempenho dos alunos, por exemplo, pois tal atitude se faz necessária para a tomada de providências de reconstrução dos caminhos do saber;

~ porque muitas vezes procuram explicar a natureza humana, com suas virtudes e defeitos, somente a partir de dados numéricos, quando somente esse dado não basta.

Também causa-me desagrado o elevado investimento científico com que é contemplado o homem urbano, em detrimento do homem rural. Percebo que grande parcela dos intelectuais da academia não dedica seus esforços acadêmicos ao homem rural com a mesma intensidade quanto com relação ao urbano ou urbanizado. Essa convicção encontra eco em estatísticas sobre trabalhos de investigação desenvolvidos e a desenvolver na zona rural, cadastrados em órgãos do Ministério da Educação.

Essa realidade de tratamento desigual pela academia na relação entre o homem da zona urbana e o da rural decorre de erro de avaliação, uma vez que sua importância econômico-social e cultural é de importância idêntica em nível nacional, resguardadas suas características individuais.

Gostei de conversar com vocês, pois não são muitos os educadores e profissionais de outras áreas que se dão tempo para debates a respeito de meu papel nos meios educacionais e em tantos outros da realidade social.

Ainda teríamos muito que conversar, pois percebi em vocês grande senso de disponibilidade e de desprendimento para debater comigo a respeito da importância do papel da avaliação onde quer que o ser humano atue.

Dou-lhes os parabéns pelo fato de muitas vezes terem concordado com o teor de minhas intervenções, mas também por inúmeras vezes terem manifestado posicionamentos contrários aos meus, o que enriqueceu muito nosso debate.

Para relembrarmos...

Com relação ao que viemos conversando até agora, não podemos ter em mente que o texto esteja completo ou esgotado em conteúdos a respeito do tema. Trata-se, apenas, de dizer, como em tempos que já vão longe, "agora vou pegar da pena para fazer um ponto final".

Avaliações formativa e somativa, seja no ensino presencial ou no a distância, nunca sugerem ponto final, pois é expressão que pressupõe sobrevida acadêmica, humana, profissional perenemente.

Trata-se de um tema polêmico, talvez justamente por ser importantíssimo na vida de cada ser humano, pois avaliar desempenho humano não é função de fácil cumprimento, uma vez que envolve deparar com valores de um ser semelhante a você e a mim.

Assim mesmo, valeu a pena você me ter acompanhado neste texto, o qual poderá ajudar a clarear um pouco mais o entendimento de outras tantas pessoas no sentido de que a avaliação, quando bem concebida, bem entendida, realizada com possível senso de justiça e solidariedade, ao mesmo tempo valoriza, faz perceber valores nunca antes percebidos e desperta o ser humano para o reconhecimento de valores seus que até então ainda não haviam sido despertados.

Você e eu percebemos que a ação avaliativa se faz indispensável em qualquer situação da vida tanto profissional quanto pessoal. Normalmente, temos a noção de que o lugar prioritário dela seja o meio educacional. E não é bem assim, pois ela se faz formal ou informalmente presente em todos os instantes do dia a dia de todo ser humano, seja qual for sua condição social.

Ela se faz indispensável na qualificação e na valorização do ensino, da aprendizagem e do desempenho. Esses três componentes estão representados, a seu modo e circunstância, na mente e na ação de todo indivíduo, seja ele da zona urbana ou rural, pouco ou altamente qualificado, desempregado ou sem emprego fixo, proprietário ou não.

Agora, leitor, faça uma parada em sua leitura, não porque foi colocado um ponto final no texto, mas porque queremos lhe fazer um convite.

Até aqui, mantivemos mútua colaboração na missão posta para nós de desenvolvermos ideias que contribuam na elucidação clara e precisa do objetivo, da função e do papel da "avaliação processual (formativa) e somativa" nos caminhos de cada ser humano.

A esta altura do trabalho, convido você a procurar dar resposta às dúvidas porventura ainda não respondidas a contento sobre tão importante tema na vida de todos nós: **A avaliação processual (formativa) e somativa, a que veio?**

Analise, aceite, discorde sobre o dito e o não dito, mas não deixe de contribuir.

Aceita o convite?

Sabia que sim!

Mas, antes disso, vamos desenvolver algumas atividades para relembrarmos e aprofundarmos mais algumas questões de que o texto trata?

Então, vamos lá!

Atividades de autoavaliação

Estou convidando você a refletir de forma ordenada e aprofundada comigo a respeito dos principais conteúdos que integram os itens que estudamos e analisamos até aqui.

Na verdade, esta atividade representa uma autoavaliação que faremos para sabermos a quantas anda a nossa percepção e o nosso entendimento a respeito de conteúdos do texto.

1. Assinale a alternativa que responde à seguinte questão:
    A avaliação cumpre função de "voz da consciência" do ensino e da aprendizagem. Então, enquanto:

a) a avaliação duvida dos caminhos que levam à aprendizagem, a voz da consciência investiga e sinaliza se esses são os caminhos mais apropriado.

b) a avaliação despreza a qualidade de desempenho, a voz da consciência investiga e sinaliza se houve suficiente e adequada objetividade na ação de observar e perceber.

c) a avaliação facilita a aprendizagem, a voz da consciência investiga e sinaliza se as informações levantadas são as melhores para a obtenção de aprendizagem adequada e consequente.

d) a avaliação pouco se interessa a quantas anda a aprendizagem, a voz da consciência investiga e sinaliza sobre o seu nível de aproveitamento.

2. Complete as lacunas com os seguintes termos:
motivador; desassossegador; sustentar; animador; interpretação; desponta; desafio.

> Cabe ao professor:
> ~ ser um _____ do estudante;
> ~ ser um _____ para que o estudo seja encarado como o _____ número 1 (um) pelo estudante;
> ~ ser um auxiliar na _____ do significado da luz que _____ lá no fundo do "túnel";
> ~ ser um _____ do aluno para que jamais desanime em seu dever de _____ alto nível de desempenho.

Agora, assinale a alternativa que expressa a ordem correta das palavras nas lacunas.

a) interpretação; desassossegador; motivador; desafio; desponta; animador; sustentar.
b) desassossegador; motivador; desafio; interpretação; animador; desponta; sustentar.
c) motivador; desassossegador; desafio; interpretação; desponta; animador; sustentar.
d) desassossegador; motivador; desafio; interpretação; desponta; animador; sustentar.

capítulo 3

Avaliação da aprendizagem: quando o indivíduo tem a educação como privilégio

É sempre bom e agradável desempenhar a função docente em qualquer dos níveis escolares. Pessoalmente, sinto-me orgulhoso da profissão que exerço, não para ter uma ocupação extra, mas para dedicar-me a uma das mais primorosas atividades: a dignificação do ser humano pela educação.

Convido você para refletir não sobre a avaliação que ainda inspira medo, mas sobre aquela que aproveita todas as oportunidades de vida do indivíduo para favorecer a aprendizagem. Avaliar não constitui tarefa fácil em lugar nenhum, mas é preciso zelar para que essa ação se desenvolva da melhor maneira possível, uma vez que tem como centro das atenções o desempenho e a dinâmica de vida de cada um.

Os tópicos que fomentarão o nosso debate sobre avaliação são diversificados e inteiramente voltados ao favorecimento da aprendizagem; o objetivo, nesse caso, não é o de dar volume ao contexto das reflexões, mas o de mostrar as diferentes facetas que podem integrar uma avaliação dignificadora do homem.

Tais tópicos têm como enfoque a multiplicidade de variáveis que integram o ensino fundamental, como:

- ~ qualidade educacional;
- ~ objetivos de avaliação;
- ~ formação pedagógica;
- ~ atribuição de conceitos ou notas;
- ~ avaliação na educação infantil, especialmente no jardim de infância e na creche;
- ~ instrumentos de avaliação.

A reflexão que será proposta não pretende desvendar toda a riqueza pedagógica contida em cada um desse itens, mas propiciar clareza suficiente para o entendimento das possibilidades de intervenção de cada indivíduo no contexto educacional.

3.1
Avaliação e excelência na qualidade educacional

Já no título desta seção, procuramos evidenciar a relevância do nosso tema para a qualidade da educação. A avaliação aqui não é entendida como instrumento de verificação do quanto o aluno aprendeu ou deixou de aprender, mas como uma ferramenta dinâmica e bastante favorável ao bom desempenho e aos bons resultados dos alunos e dos demais indivíduos, em qualquer condição e ambiente social.

Levando em conta a avaliação como uma das iniciativas que promovem a boa qualidade educacional, por meio do fomento da aprendizagem, é possível elencar algumas das variáveis que podem ser decisivas nessa mediação para a consecução de tal objetivo. Vejamos em detalhes cada uma delas.

a) Avaliação, aprendizagem e educação: o que são e para que servem?
A avaliação e a aprendizagem têm como finalidade a educação, formando um conjunto pedagógico que resulta na qualificação do indivíduo. Assim, você pode estar se perguntando: Por que os termos deste item aparecem nessa ordem?

Para explicar melhor a sequência lógica *avaliação-aprendizagem-educação* do desenvolvimento de atividades acadêmicas e sociais, imagine o processo de construção de uma casa:

- Primeira etapa – analisar a necessidade e a viabilidade dessa construção, ou seja, faz-se uma avaliação das condições físicas e legais do terreno, bem como dos recursos humanos, materiais e financeiros disponíveis para a consecução dessa tarefa.
- Segunda etapa – iniciar o processo efetivo de construção da

casa, durante o qual deve haver acompanhamento e avaliação permanentes do desenvolvimento de todas as ações da edificação.

- Terceira etapa – avaliar os resultados, quando a casa já estiver pronta, identificando-se os acertos e os possíveis desacertos ocorridos e estabelecendo-se o redimensionamento da obra edificada, se necessário.

Essa analogia ajuda a explicar como a avaliação pode ir muito além da identificação de acertos e erros ocorridos. Para favorecer a aprendizagem do aluno, a avaliação deve ser processual, ou seja, deve ocorrer ao longo de todo o encaminhamento educacional: na preparação do terreno, na implementação das ações educacionais e na identificação do nível de qualidade dos resultados educacionais alcançados.

b) Iniciativas de boa qualidade educacional custam menos que as de pouca qualidade

Existem, Brasil afora, inúmeras boas iniciativas em educação, mas que nem sempre se confirmam ou não se sustentam por falta de coragem acadêmica ou por autonomia administrativa insuficiente. Como resultado disso, o nível da qualidade educacional é prejudicado, pois, muitas vezes, o processo de aprendizagem tem sua boa caminhada abortada pela insuficiência de investimentos de recursos de toda ordem. É nesse contexto que se confirma o ditado popular "o barato sai caro".

Como explica o economista Samuel Pessoa, citado por Camargo (2008), "Todos os países que passaram de subdesenvolvidos a desenvolvidos investiram muito em educação, sendo que a educação veio antes do progresso". É nesses países que se acredita na máxima, igualmente popular, de que a boa qualidade custa bem menos que a pouca qualidade.

c) Entende-se que o bom profissional é o que recebeu qualificação formal ou informal adequada para exercer seu trabalho

Sabemos que, no Brasil, a educação ainda é considerada um privilégio, porque ainda não é proporcionada para todos. Investir na formação profissional continuada é fundamental para manter bons índices de empregabilidade. De acordo com o diretor da Catho Educação, Constantino Cavaleiro, citado por Magalhães (2011), "fluência no idioma inglês e educação continuada começaram a ser diferenciais cada vez mais solicitados pelas empresas [...]. O profissional do século XXI deve estar muito bem informado e possuir elevado nível de conhecimento".

d) Mesmo quando de boa qualidade, a qualificação, por si só, não basta

Até parece incoerente a afirmação assim posta; no entanto, essa é uma realidade com a qual nos deparamos seguidamente. Não é raro conhecer pessoas formalmente qualificadas, que frequentaram excelentes instituições de ensino, mas cujo desempenho pouco vem favorecendo a elas mesmas e àqueles com os quais convivem.

Mas por que tamanha discrepância entre qualificação e desempenho? Talvez você já possua a resposta que pode explicar essa realidade acadêmico-profissional. Talvez sua resposta seja: "Trata-se de uma pessoa que só sabe para si". Certo! É isso mesmo!

Ainda que não se trate de uma situação muito comum, não é tão rara assim. Há profissionais que insistem no exercício da docência, mas com resultados pífios. Em outras palavras, são talentos que se perdem no tempo, sem oferecer contribuições acadêmicas significativas – nem a si mesmos, nem aos alunos.

e) Quem não sabe avaliar não deveria ensinar, nunca

Você conhece algum docente que não sabe valer-se de um dos principais objetivos da avaliação, que é o de favorecer a aprendizagem? Pois bem, há vários deles no exercício intensivo da docência.

É de se lamentar que tal situação ainda encontre amparo em diferentes meios acadêmicos. Além de prejuízos contundentes, decorrentes dessa situação, se refletirem sobre a classe estudantil e os meios sociais, o tripé acadêmico *avaliação-aprendizagem-educação*, sobre o qual já discutimos, sofre danos irrecuperáveis em sua qualidade formadora. Quebrados os elos que sustentam esse tripé, perdem-se os verdadeiros valores formativos da avaliação, da aprendizagem e do resultado de ambas: a educação.

f) A avaliação que identifica o desempenho de uma máquina não deve ser a mesma que identifica o desempenho do ser humano

Essa diferenciação é essencial. "Uma coisa é medir a eficiência de máquinas e linhas de produção, que podem ser objetivamente medidas. Outra, é julgar, comparar, avaliar e medir as produções humanas, que possuem características difíceis de serem objetivamente avaliadas (Barbosa, 1996, p. 59-60).

O desempenho humano não deve ser medido apenas com base nos índices de produtividade do indivíduo, tendo como foco simplesmente identificar aqueles que proporcionam ao empregador, de maneira direta, mais ou menos lucro. Antes de analisar os resultados, é preciso avaliar todo o processo produtivo e identificar quais fatores interferem na qualidade do trabalho. O objetivo não deve ser perceber quem "funciona" melhor, mas sim descobrir formas de proporcionar as condições necessárias para que a execução do trabalho seja satisfatória.

3.2
Conceitos e objetivos de avaliação

Neste ponto de nossas reflexões, convido você para entabularmos um debate – talvez o mais importante deste capítulo – sobre a aprendizagem e seu derradeiro resultado: a educação.

É possível dizer que, se, por um lado, o domínio de conhecimentos relativos aos conceitos e objetivos da avaliação tem grande importância nos meios educacional e social, por outro, cabe adiantar que as maiores dificuldades que esses mesmos segmentos apresentam em lidar com o tema residem justamente na falta de uma compreensão de que a avaliação e a aprendizagem devem estar interligadas.

Ainda que os conceitos e os objetivos formem um conjunto interdependente na avaliação, para que seja possível proporcionar um melhor entendimento sobre esses dois elementos, a discussão que desenvolveremos a respeito disso será parcialmente individualizada.

3.2.1
Conceito de avaliação

Se solicitássemos às pessoas em geral que formulassem conceitos de avaliação, com certeza, surgiriam inúmeros, mas, possivelmente, nenhum deles teria o mesmo teor e sentido. O que quero dizer é que não existe consenso absoluto sobre o conceito de avaliação aplicada à aprendizagem e ao desempenho humano, nem mesmo entre os corpos docente e discente.

Assim, da mesma forma que a divergência sobre o conceito de avaliação da aprendizagem insiste em vigorar, persiste a convicção de que a aplicação da avaliação nos meios educacionais e sociais não conseguirá cumprir o seu principal objetivo: favorecer a melhoria da aprendizagem e a consequente melhoria de desempenho dos alunos.

A divergência entre os conceitos de avaliação da aprendizagem nos meios educacionais e sociais não é um problema. O importante é que, seja qual for a perspectiva adotada, a avaliação prime pelo favorecimento da aprendizagem.

Será que já não é hora de estabelecermos alguns parâmetros que possam balizar o conceito de avaliação? Você quer tentar cumprir esse desafio? Então, vamos lá!

Para que o conceito proposto não seja unilateral, considerando apenas uma perspectiva, vamos também analisar conceitos de autores diversos, o que poderá fundamentar melhor a proposição de nosso conceito de avaliação.

Inicialmente, você perceberá que os autores consultados não diferem expressivamente em relação ao conceito de avaliação, mas poderá notar algumas variações de posicionamento a esse respeito, o que já terá valido a pena, em função do nosso debate.

De imediato, reportemo-nos a um estudioso brasileiro que propõe um conceito que pode não estar na categoria dos mais expressivos, mas que é bastante instigante. Para Ávila, citado por Both (2008, p. 40), "avaliar é a ação de apreciar em seu justo valor um ser". Nesse conceito, percebemos uma vasta riqueza de detalhes que procuram fomentar a construção de conhecimentos que conduzam a uma compreensão do que é avaliação, tanto em amplitude quanto em profundidade. A definição proposta inicia com o verbo *avaliar*. Só por esse fato, o leitor já é levado a uma reflexão que não lhe permite avançar no conceito exposto, sem que antes mergulhe na claridade dos objetivos da avaliação.

Outra expressão marcante no conceito do autor é "ação de apreciar em seu justo valor um ser", na qual percebemos o sentido processual da avaliação e não apenas o de mera constatação ou verificação, uma vez que o termo *apreciar* significa "identificar", "perceber", "valorizar", "sentir", "estudar", enfim, reconhecer a aprendizagem em seu justo valor, com amplitude e profundidade, e o desempenho do aluno ou de quem quer que esteja envolvido no processo de aprendizagem.

Ressaltemos que o conceito de avaliação desenvolvido por Ávila desemboca no "ser", como referência mais significativa ao ser humano. Esse conceito pode leva o leitor também a diferenciar entre a valorização do desempenho do ser humano e o reconhecimento do desempenho de uma máquina, por exemplo.

Pena Firme, citada por Both (2008, p. 48), também valoriza a importância da avaliação no contexto educacional: "avaliar é um momento inevitável de qualquer atividade humana". Tal afirmação contradiz a ideia de que a avaliação é uma mera constatação e reafirma a noção de que se trata de algo que deve ser utilizado de forma processual (contínua) nos meios educacionais e sociais. Seu entendimento de que a avaliação é um "momento inevitável de qualquer atividade humana" (Pena Firme, 2008, p. 48) pode ser entendida como um convite a que nenhuma decisão seja tomada sem que antes seja lançado um juízo de valor bem pensado sobre as ações educacionais ou sociais.

A autora, ainda, chama a atenção para um outro aspecto importante e que deve ser levado a sério em um processo avaliativo: "se a falta de avaliação é grave, igualmente prejudicial é a sua inadequação" (Pena Firme, 2008, p. 48).

Seguindo os argumentos de Pena Firme, é possível entender que a avaliação precisa ser levada às suas últimas consequências, uma vez que avaliar de forma correta pode levar a resultados positivos, mas avaliar de maneira inconsequente, por certo, é uma ação pedagógica prejudicial tanto para o aluno (podendo causar-lhe prejuízos psicológicos) quanto para o processo de aprendizagem.

Para Raths, citado por Both (2008, p. 49), "a avaliação é o processo que consiste em ajudar alguém a enxergar mais claramente o que está tentando fazer (enxergar)". Raths, aqui, revela-se educador, corresponsabilizando o educando pelo processo de aprendizagem. Aliás, você entende qual é a diferença entre ser professor e ser educador? Ambos cumprem funções que são dignas de reverência. No entanto, genericamente, hoje, o professor é o profissional que transmite conhecimentos para o aluno, ao passo que o educador é aquele que produz conhecimentos em conjunto com o aluno, extrapolando a função de repassar conteúdos e exercendo influências na formação do indivíduo.

Essa variável que diferencia professor de educador ainda não constitui consenso nos meios educacionais, no entanto é crescente o número de adeptos que comungam dessa ideia*.

Luckesi, citado por Both (2008, p. 39-40), entende a avaliação como um "juízo de qualidade sobre dados relevantes, tendo em vista tomadas de decisão". O autor é bem explícito ao frisar que conteúdos relevantes e de boa qualidade devem integrar um processo educativo e chama a atenção para como conteúdos que são fundamentais para o processo educacional nem sempre são levados em conta pelos educadores – causando, consequentemente, malefícios à formação dos educandos.

O autor reporta-se ainda ao fato de que a aprendizagem compreende conteúdos essenciais e complementares. Em outras palavras, todo conhecimento produzido é composto de dados que não podem ser desconsiderados pelo educador. No entanto, esse mesmo conhecimento também compreende dados que são de menor importância, mas que, na medida do possível, devem ser considerados, pois enriquecem o processo de aprendizagem.

Quando dados indispensáveis são desconsiderados, por decisão voluntária ou por falta de domínio do educador, ocorre imediatamente o

---

* Leia mais sobre a diferenciação entre a figura do professor e a do educador nas páginas 54 e 55 da obra Avaliação planejada, aprendizagem consentida: é ensinando que se avalia, é avaliando que se ensina (Both, 2011).

que é denominado pelos próprios educadores de *furos na aprendizagem*. Essas inconsistências podem contribuir decisivamente para uma baixa qualidade educacional. É por conta dessa realidade, que ainda persiste em muitos dos meios educacionais, que o nível de formação dos educadores é insistentemente questionado.

Tyler, citado por Both (2008, p. 48), revela que "avaliar [...] é descobrir o que os estudantes aprenderam e quais deles estão encontrando dificuldades de aprendizagem". Esse posicionamento em relação ao objetivo da avaliação, que deve ser em prol da aprendizagem, vem bem a propósito, pois procura resgatar o que em muitos estabelecimentos de ensino é desconsiderado: a recuperação dos conhecimentos que o aluno não conseguiu dominar ou assimilar em tempo hábil.

A diversidade de posicionamentos dos autores citados sobre o conceito de avaliação é bastante enriquecedora para o objetivo, proposto aqui, de construir um conceito próprio.

Levando em conta diversas experiências acadêmicas e docentes, bem como as reflexões encontradas nos autores consultados aqui e aquelas nascidas do debate estabelecido na produção deste texto – ainda que não se possa diferir muito dos posicionamentos já existentes a respeito do que a avaliação deve ser e do seu objetivo nos meios escolares e sociais –, foi possível desenvolver um conceito aberto, sujeito a novas análises, e contundente no que se refere à valorização humana: **avaliação é um processo de valorização da aprendizagem e do desempenho intelectual, educacional e social do indivíduo.**

3.2.2
Objetivo da avaliação

Assim como refletimos sobre conceito de avaliação, usando o termo no singular, faremos o mesmo ao nos referirmos a objetivo de avaliação. Essa particularidade formal não anula a diversidade tanto de conceitos quanto de objetivos existentes. O uso do singular, nos dois termos, sustenta em si toda a diversidade, objetividade e grandeza funcional da avaliação em prol da aprendizagem e do desempenho educacional e social.

A avaliação tem como objetivo primordial favorecer a melhoria da aprendizagem e não é privilégio dos meios educacionais; ela pode existir em diferentes esferas, como:

- nos meios públicos e privados das zonas urbana e rural;
- nos lares;
- nos meios sociais;
- nos setores da economia primária, secundária e terciária.

A avaliação se faz presente no processo de tomada de decisão dos seres humanos e dos animais. O homem a utiliza de forma pensada, direcionada, objetiva, como parte do processo de melhoria das suas condições de vida; já os animais fazem uso instintivo da avaliação.

3.3
A avaliação e a formação pedagógica no ensino superior

Este título é bastante sugestivo, pois propõe a ideia de que a avaliação pode estabelecer relações e favorecer o processo de formação docente. Os cursos de graduação são divididos em duas categorias: bacharelado e licenciatura. Enquanto os cursos de bacharelado se caracterizam como tecnológicos e profissionais, os cursos de licenciatura priorizam a formação de recursos humanos para a educação.

O que é de lamentar nesse contexto é a ausência de formação pedagógica nos currículos de bacharelado, já que as duas categorias de graduação têm como finalidade construir conhecimentos que sejam, de alguma forma, proveitosos e benéficos aos indivíduos e à sociedade – isso, por si só, justificaria que a formação pedagógica fosse proporcionada a todos os graduandos e não somente àqueles que cursam licenciaturas.

A oferta considerável de cursos de pós-graduação *lato sensu* (especialização) que têm como proposta oferecer ao aluno uma formação complementar (ou compensatória) para a habilitação ao exercício da docência demonstra que há demanda para que os currículos acadêmicos dos cursos de bacharelado sejam também contemplados com disciplinas que visem à formação pedagógica.

Mas quais são os principais elementos nos quais todos os profissionais – licenciados e bacharéis – podem se fundamentar para desempenhar funções pedagógicas com, ao menos, condições aproximadas de desenvolvimento? Embora simples, esses elementos são essenciais para que o docente esteja apto a promover resultados positivos no processo educativo. Na sequência, trataremos desses componentes relacionados à didática e à avaliação.

a) **Planejamento de ensino**

Para que a aprendizagem possa dar resultados, tanto em amplitude quanto em profundidade, faz-se necessário planejá-la. E planejar significa prever facilidades e obstáculos que podem aparecer num processo de aprendizagem consistente, que contemple a melhoria da qualidade de vida. Aprender não significa simplesmente acumular conhecimentos, mas desenvolver a capacidade de relacionar esses conteúdos, aprimorando-os ou mesmo chegando, por meio destes, a novas ideias.

b) **Definição de objetivos da aprendizagem**

Já vimos anteriormente que o objetivo da avaliação é favorecer a melhoria da aprendizagem, pois seus objetivos se esmeram para que a educação se torne de fato um bem social de acesso indistinto a todas às pessoas.

c) **Seleção de conteúdos**
Em quantidade, há abundância de conteúdos disponíveis para explicar a realidade e a propriedade de fatos de qualquer natureza. Entretanto, em qualidade, isso fica consideravelmente aquém das necessidades requeridas para a garantia de uma boa aprendizagem. Por isso, é muito importante selecionarmos os conteúdos que de fato detêm a necessária consistência para a garantia da aprendizagem necessária.

d) **Escolha de metodologias adequadas de aprendizagem**
Não é por falta de metodologias de aprendizagem que os conhecimentos não se tornam públicos, legitimados e passíveis de compreensão universal. O que dificulta esse processo é a má escolha das metodologias (pois precisam ser pertinentes às necessidades e condições do aluno), ou, a falta de domínio do docente sobre estas. Cada indivíduo desenvolve uma modo próprio de aprendizagem e de trabalho docente formal ou informal; a escolha de qual metodologia será usada na prática docente não deveria levar em conta, como primeira opção, a fama ou o renome dos autores que as desenvolveram, mas sim o nível de adequação com que cada professor consegue trabalhar com ela.

e) **Promoção da avaliação comprometida com a aprendizagem**
Já vimos que é objetivo da avaliação favorecer a melhoria da aprendizagem; essa convicção se renova de maneira enfática, pois o comprometimento pedagógico entre a avaliação e a aprendizagem é ponto líquido e certo para o bem da educação.

f) **Relação professor-aluno-disciplina**
Essa tríade permite duas interpretações, ambas de grande importância no âmbito acadêmico e pedagógico e com valor educacional similar.

Enquanto uma das interpretações está relacionada ao comportamento do aluno, a outra se refere à disciplina em termos curriculares. No âmbito comportamental, a disciplina vem provocando grandes preocupações e esforços nos meios educacionais, haja vista o empenho de direções, professores, funcionários e até mesmo de autoridades policiais nesse contexto (sem grandes resultados positivos a curto e médio prazos, por ora). No contexto curricular, a disciplina também sugere permanente atenção, uma vez que uma grade curricular de excelência depende de uma boa formatação – uma boa grade curricular pode ser um passo à frente para uma boa aprendizagem.

g) **Produção de conhecimentos para a aprendizagem**
Percebemos que cada um dos indicadores pedagógicos comentados até aqui manifesta-se de forma particular na evolução do contexto educacional. No entanto, essas mesmas particularidades se somam quando se trata da construção de conhecimento para a aprendizagem. Isso é um fato importante, pois só tende a reforçar a máxima de que o professor já não é o principal responsável pela construção de conhecimento, que passou a ser entendida como uma atividade conjunta entre o professor e o aluno.

Percebemos, ao refletir sobre esses indicadores, a presença sutil da didática como uma das bases fortes de fundamentação para que a formação pedagógica seja consequente.

A conceituação de didática, considerando-se sua grande importância pedagógica, não constitui tarefa fácil, já que o meio acadêmico, vez ou outra, manifesta discordância a esse respeito, especialmente quanto à formação propiciada em cursos de licenciatura e de bacharelado. Seja como for, vamos tentar conceituar a didática como um dos caminhos pedagógicos?

3.3.1
Didática em função da aprendizagem

A didática pode ser conceituada da seguinte maneira: a arte de facilitar a aprendizagem – e quem facilita a aprendizagem, com a contribuição do aluno, é o educador.

Se, nos últimos anos, a didática já tinha como preocupação principal o desenvolvimento do ensino, hoje essa ideia encontra-se aprimorada, pois a ênfase recai sobre a aprendizagem. É por esse motivo que vem se consagrando a expressão *ensino-aprendizagem*.

3.4
Conceitos e notas: para quê?

Os filósofos gregos trocavam ideias sobre temas diversos – principalmente sobre os que diziam respeito à saúde para a população, às lides agrícolas, à cultura popular, à política administrativa, ao desenvolvimento econômico e à educação para todos –, com debates em praças públicas e em outros ambientes onde havia aglomeração de pessoas. Nesses encontros, não eram dados conceitos ou notas aos participantes – considera-se, assim, que os gregos, não foram responsáveis pela criação desse costume.

A exigência por uma nota ou um conceito se firmou mais tarde, com a criação de ambientes fechados para aqueles debates. Foi daí que surgiu, formalmente, o ambiente escolar – a escola, propriamente dita. Um dos primeiros exemplos dessa realidade deve-se aos chineses, que, segundo a literatura, já no ano 2000 a.C., "realizavam exames para a obtenção da classificação de serviços em nível militar" (Both, 2008, p. 48).

Além de a nota e os conceitos se tornarem, paulatinamente, exigências escolares, passaram a ser utilizados como requisitos para fins como a transferência escolar e a classificação em concursos.

Para averiguar o desempenho e a aprendizagem escolar do aluno, não necessitamos nos valer de notas, bastam a observação e a percepção. A nota e o conceito podem ser empregados eventualmente – sem obrigatoriedade – como parâmetros para a indicação do nível de assimilação a que o aluno chegou em sua aprendizagem, mas não com a conotação de processo.

Nos meus primeiros tempos escolares, também apreciava uma boa nota e me preocupava muito com uma nota baixa ou "vermelha", como se dizia na época. Contudo, nos dias de hoje, essa minha preferência me causa decepção, pois percebo que valorizava a nota em vez de uma boa aprendizagem. Isso ocorreu, principalmente, em função do pouco estímulo proporcionado aos alunos para que valorizassem a aprendizagem e não a nota.

Naquele tempo, assim como ocorre atualmente, grande parte dos estudantes – do ensino fundamental à pós-graduação – fazia a seguinte pergunta: "Professor, como fica a nossa nota?". Hoje, porém, percebo que a nota é apenas um parâmetro de comparação, uma referência, enquanto a aprendizagem subentende um fim que visa ao engrandecimento pessoal e social do indivíduo.

Nessa mesma linha de pensamento, a maior parte dos pais ainda se mostra muito preocupada com a nota que seus filhos tiraram após realizarem uma avaliação (prova). Essa valorização da nota, por parte dos pais ou responsáveis e dos alunos, afasta-se de um dos principais objetivos escolares: a aprendizagem consequente.

Conceitos e notas são representações (referências quantitativas) da aprendizagem alcançada e do desempenho demonstrado que vêm perpassando o tempo, chegando aos dias de hoje como elementos bastante valorizados. É possível dizer que conceito e nota firmaram-se, ao longo dos tempos, com a fama (de difícil reversão) de serem vícios acadêmicos que recebem a benevolência de órgãos de normatização do ensino, bem como de pesquisadores e de corpos docentes de diferentes níveis escolares.

Todavia, as sugestões que serão aqui apresentadas pretendem estimular – em todos os níveis escolares, mas especialmente no ensino fundamental e no ensino médio – a inversão hierárquica da priorização ora existente, visando guindar a valorização da aprendizagem a patamares que considerem mais do que a nota do aluno. À primeira vista, esse debate parece ser um tanto estéril; contudo, academicamente, a inversão de valores nos meios escolares – a sobreposição da nota à aprendizagem – é mais grave do que se pensa. Trata-se de uma convicção velada e pouco suscetível a mudanças.

Entre as principais sugestões, apontamos as seguintes:

- Incentivar órgãos educacionais (dos níveis federal, estadual e municipal) a priorizar a aprendizagem;
- Orientar professores e pesquisadores a dedicarem seus esforços, junto com seus alunos e leitores, a favor da aprendizagem como objetivo primeiro nos meios educacionais e sociais;
- Conscientizar pais e alunos de que a aprendizagem deve ser priorizada quando se trata da avaliação do desempenho escolar;
- Estimular os cursos formadores de recursos humanos para que privilegiem em suas grades curriculares a aprendizagem.

Segundo dados estatísticos apontados pela Organização das Nações Unidas para a Educação, a Ciência e a Cultura (Unesco)[*], o Brasil enquadra-se entre os países com pior desempenho na área educacional. Esse fato torna-se ainda mais preocupante quando percebemos

---

[*] *Unesco: é a agência da Organização das Nações Unidas (ONU) que tem as ciências naturais como uma de suas áreas de mandato, além da educação, da cultura, das ciências humanas e sociais, da comunicação e da informação.*

que, ainda nos dias de hoje, é necessário reforçar que o centro das atenções de todo aluno deve ser a aprendizagem, e não as notas.

O desempenho das nossas universidades, se comparado, em especial, ao das instituições dos Estados Unidos, não é muito animador. Em 2011, a Universidade de São Paulo (USP), por exemplo, considerada a melhor da América Latina, ocupou a 169ª colocação na lista das 700 melhores universidades do mundo (Quacquarelli Symonds, 2011). Se a situação da USP já não é exemplar, o que se poderia dizer das demais instituições de ensino superior (IESs) do nosso país?

A preocupação com a realidade das pífias colocações das IESs brasileiras se justifica por um simples, mas decisivo, fato: elas são as principais responsáveis pela formação dos recursos humanos nas diferentes áreas de conhecimento.

Por conta da insuficiente qualidade das IESs brasileiras, podemos chegar às conclusões descritas a seguir:

a) Os resultados da produção científica são pouco consequentes

O principal objetivo dos docentes com pós-graduação é a atividade científica, mediante o desenvolvimento de pesquisas. É da iniciativa desses profissionais que surge a produção de novos conhecimentos e de novas tecnologias, bem como a renovação de conhecimentos já existentes, dando-lhes uma nova "roupagem".

O número de pesquisas que são desenvolvidas anualmente nas nossas universidades é elevado – segundo o SCImago Journal & Country Rank, foram publicados 43.386 trabalhos científicos no Brasil, em 2010. No entanto, é notório que muitos pesquisadores realizam esses estudos apenas para cumprir com obrigações impostas pelo contrato de trabalho em regime de tempo integral. O resultado disso é a produção de pesquisas que pouco se preocupam em atender às necessidades reais da nossa sociedade e que, muitas vezes, sequer objetivam desenvolver novos conhecimentos.

b) A qualidade da formação dos formadores de recursos humanos é baixa e inadequada

A falta de renovação pedagógica, técnica e científica de considerável parte dos docentes é preocupante. Disso surge a desconfiança de que, depois de certo tempo da formatura, há defasagem nos conhecimentos desses profissionais.

Por certo causaria muita indignação nos meios educacionais se fosse cogitada a ideia de estipular prazos de validade para os diplomas de graduação e pós-graduação. No entanto, é preciso ter claro que todo conhecimento adquirido precisa de constante atualização. Para não ficar ultrapassado, o egresso necessita manter-se informado sobre as novidades de sua área de atuação, ou seja, precisa continuar buscando conhecimentos.

c) A contribuição para o desenvolvimento social, econômico e cultural brasileiro é pequena

Já vem de tempos distantes a preocupação com o baixo índice de contribuição de boa parte da comunidade científica brasileira com o desenvolvimento social, econômico e cultural do país. Um número significativo de cientistas brasileiros encontra-se atuando em instituições de outros países, o que vem provocando o amadurecimento da sugestão de ser repatriada ao menos uma parte desses profissionais. No entanto, "De acordo com quem está fazendo ciência fora do Brasil, mesmo que exista vontade de voltar, a burocracia para se fazer pesquisa e a falta de competitividade nas universidades nacionais, diferentemente do que acontece nos EUA e na Europa, ainda são fatores de repulsa" (Righetti, 2011).

A expectativa é que as experiências científicas e tecnológicas adquiridas por esses pesquisadores em países de economia avançada possam contribuir para alavancar, em nosso país, uma produção científica e tecnológica que seja capaz de contribuir para o desenvolvimento da nossa sociedade.

d) A função docente é pouco valorizada

O professor precisa ter melhores condições para desempenhar bem suas funções acadêmicas. A baixa autoestima e o estresse físico e mental são por certo consequências da pouca valorização desses profissionais, principalmente pelos órgãos competentes.

Outro fator negativo em crescente expansão é a pouca segurança física e patrimonial assegurada aos docentes nos meios escolares. Há casos em que o docente chega a ser vítima da violência de alunos: "Lembro de um fato ocorrido há cerca de quatro anos em uma escola particular de confissão católica: um aluno do ensino fundamental, descontente com a avaliação recebida pela professora, jogou pela janela um dos ventiladores da sala" (Marques, 2006).

e) A importação de tecnologias é necessária

Em razão da carência de produção científica, o Brasil importa, já há bastante tempo, muitas das tecnologias avançadas de que necessita, como é o caso das tecnologias de comunicação. Você pode estar pensando que os temas *conceito* e *nota* tenham ficado de fora dos últimos parágrafos deste texto. No entanto, continuam presentes, pois a comunidade científica internacional seguidamente vem opinando e externando conceito a respeito do nível de qualidade tanto da produção científica e tecnológica quanto do desempenho profissional de nossos cientistas produtivos.

3.5
Avaliação na educação infantil: como fazer?

Ah, que tema fácil e ao mesmo tempo difícil de ser desenvolvido! Mas não resta dúvida de que seu desenvolvimento causa imensa alegria.

Muito já foi falado a respeito da avaliação na educação infantil. Entretanto, por mais que se fale e se escreva sobre o assunto, mais ideias novas e renovadas se apresentam e podem contribuir para enriquecer a composição deste texto.

Mesmo tratando-se da educação infantil como etapa inicial de uma vida escolar, a avaliação possui os mesmos objetivos que na educação básica, no ensino superior e na pós-graduação, como veremos a seguir.

a) Favorecer a aprendizagem

Sim, favorecer a aprendizagem, mesmo que na educação infantil. Desde que abre os olhos pela primeira vez, ou melhor, já nos primeiros meses de vida intrauterina, o ser humano é muito sensível e receptivo aos acontecimentos que ocorrem no seu entorno.

Na vida intrauterina, ainda que tenuamente, a criança começa a perceber sinais maternos de comunicação que a levam a reações de ordem positiva ou negativa (aceitação ou descarte). Esse conjunto de reações vai sendo filtrado, recolhido, ordenado e gravado na memória da criança, fazendo parte de suas futuras manifestações comportamentais e de aprendizagem.

É, por vezes, por desconhecimento dessa realidade intrauterina vivenciada pela criança que muitas das reações comportamentais são difíceis de serem compreendidas e contornadas por pais e educadores.

b) Intercambiar relações sociais

Com maior ou menor timidez, a criança tem a tendência espontânea de se aproximar dos demais colegas e de se relacionar com eles. É nesse momento, em especial, que pais e educadores devem aproveitar a oportunidade de intervir, no sentido de que tais relações se tornem efetivas e firmem laços de respeito às mútuas individualidades de forma progressiva e solidária.

Até aproximadamente os 3 anos, é natural que a criança fortaleça atitudes por vezes egoístas, centralizadoras, em suas relações com os coleguinhas. Após essa idade, tais atitudes poderão aumentar ou diminuir de intensidade, dependendo de como a criança interpretará as orientações dadas por pais e educadores.

A esta altura de nosso debate, você pode perceber que a aprendizagem da criança vai se costurando e se constituindo, efetivamente, desde os seus primeiros meses de vida.

c) Descobrir valores que dignificam a si e ao próximo

Considerando as oportunidades de aprendizagem que a criança vai somando desde os primeiros meses de vida intrauterina e os anos iniciais após o seu nascimento, entendemos que ela já tenha alguma consciência a respeito de valores e de limites na relação consigo mesma e com pessoas do seu entorno.

É nessa etapa da vida que a criança:

- descobre e amadurece valores com relação a si mesma e aos outros;
- conscientiza-se dos seus limites e dos de outros;
- amadurece a ideia de que a vida possui ainda outras etapas, além daquela em que se encontra.

Mesmo que, desde o início do desenvolvimento deste capítulo, já tenhamos considerado que a avaliação possui, em sua essência, o mesmo objetivo em todos os níveis escolares – educação básica, ensino superior e pós-graduação –, continuamos a reafirmar o teor dessa consideração, acrescentando-lhe algumas variáveis específicas a serem levadas em conta na educação infantil: a observação, a orientação e o acompanhamento dos componentes que introduzem as principais iniciativas de avaliação nessa etapa, sem o objetivo de promoção para outro nível escolar. Tomando por base o contexto que caracteriza as duas fases da educação infantil, vejamos a seguir como se configura o processo de avaliação nesse nível de ensino.

a) Do 0 aos 3 anos (creche)

É nessa fase da vida que a criança começa a perceber (com razoável consciência) o mundo em que vive, a iniciar suas relações sociais, a descobrir os seus próprios limites e os das pessoas no seu entorno e a assimilar os principais conhecimentos que lhe permitem tomar decisões mediante a percepção, o contato e a comunicação, por meio dos sentidos da visão, do olfato, do paladar, do tato e da audição.

Não vai distante o tempo em que a função de creche tinha propósitos diversos, mas de pouca consciência pedagógica e formativa. Hoje, no entanto, a creche vem sofrendo transformações positivas – deixando de lado características que, por vezes, a tornam caritativa, assistencialista e mesmo injusta quanto ao favorecimento de acesso a crianças de algumas famílias, em detrimento de outras –, passando a prestar, principalmente, atendimentos básicos à criança, em seu desenvolvimento físico, motor, emocional e interativo. Atualmente, vem se tornando preferência deixar a criança não mais sob os cuidados de familiares, de babás ou mesmo de empregadas, confiando-as aos profissionais com formação específica na área de educação infantil.

b) Dos 4 aos 6 anos (jardim de infância)

Foi o educador Frederico Froebel quem criou, em 1940, na Alemanha, a denominação de *jardim de infância*. Froebel entendia que a educação deve começar já nessa faixa etária, antes que a criança ingresse no ensino regular, no qual será efetivamente alfabetizada.

O jardim de infância, já naquela época, teve considerável repercussão positiva no mundo estudantil e familiar. Constatou-se que esse direcionamento formativo é favorecido pela adaptabilidade natural da criança e que pode fazer uma boa diferença para que o ingresso desta no ensino fundamental seja menos turbulento e mais proveitoso.

A frequência ao jardim de infância pode aprimorar o desenvolvimento físico, sensorial, motor e cognitivo da criança, bem como suas habilidades de interação social.

- O desenvolvimento físico pode ser estimulado pela valorização dos movimentos que a criança realiza por conta de sua inquietude, quase que permanente, e pelas brincadeiras que lhe exigem movimentação livre.
- O desenvolvimento sensorial e motor pode ser estimulado pela manipulação intensiva de brinquedos (em especial, os que têm função educativa), assim como pelas atividades e jogos desenvolvidos em grupo.

O desenvolvimento cognitivo ou da inteligência ocorre aos poucos, passo a passo, com maior intensidade nos primeiros anos de vida. Na verdade, manifesta-se ao longo de toda a existência do indivíduo, com permanente suporte da memória, e responde tanto mais às necessidades de aprendizagem do aluno quanto maior for o trabalho de aguçamento da memória. Do contrário, a memória torna-se embotada e enfraquecida à medida que vai baixando o seu acionamento.

O trabalho de interação com o meio social favorece a criança em sua convivência harmônica e cidadã com o mundo em que vive. Quanto mais a criança em fase de jardim da infância se sentir estimulada e iniciada com o desenvolvimento físico, sensorial, motor, cognitivo e interativo, mais preparada ela estará para ingressar no ensino fundamental.

3.5.1
Algumas peculiaridades

É perceptível que, hoje em dia, a maturidade que as crianças atingem nas múltiplas facetas de seu desenvolvimento já não acompanha as idades indicadas para a divisão das fases da educação infantil (conforme consta na Lei n° 9.394, de 20 de dezembro de 1996, que estabelece as diretrizes e bases da educação nacional, a idade para a creche é de 0 a 3 anos e para a pré-escola, de 4 a 6 anos).

Transcorrida mais de uma década desde a criação dessa lei, interferências de diversos fatores, especialmente o uso intensivo de tecnologias de comunicação, impossibilitam considerar que o amadurecimento físico e mental das crianças tenha permanecido o mesmo ao longo das gerações. É clara a aceleração no desenvolvimento de diversos aspectos do comportamento infantil.

Os estímulos psicomotores advêm, principalmente, das relações interpessoais, das mediadas pela tecnologia e das estabelecidas pela fantasia – vale lembrar que, muitas vezes, estas funcionam simultaneamente.

Não sei se você concorda comigo, mas considero essas duas fases da educação infantil o período em que acontecem as principais maravilhas da vida do ser humano, mesmo para as crianças que não possuem a sorte de cumprirem formalmente tais fases em suas vidas.

No entanto, quero me permitir valorizar ainda mais a criança nessas duas fases, considerando que:

- na primeira fase da educação infantil (creche), a criança é muito espontânea, não pondera seus atos nem premedita ações;
- na segunda fase da educação infantil (pré-escola), a criança consegue ter mais consciência de seus atos e, em alguma medida, compreende antecipadamente quais consequências estes poderão trazer.

Podemos considerar que a segunda fase da educação infantil é consequência da primeira. Isso significa que, enquanto a fase das gracinhas (creche) ainda revela natural imaturidade primária, a fase graciosa (pré-escola) começa a demonstrar visíveis sinais de amadurecimento psicológico e cognitivo. Juntas, a creche e a pré-escola formam o *kindergarten* — termo que, traduzido da língua alemã, significa *jardim de infância*.

Na educação infantil, o processo de avaliação concretiza-se da seguinte forma:

a) **Pela observação**

Os educadores se desdobram para:

- observar permanentemente as atitudes e as reações da criança durante as atividades que desenvolve no dia a dia;
- observar como a criança se relaciona com os que estão a sua volta;
- considerar as principais facilidades e dificuldades que a criança demonstra, assim como as iniciativas e as atitudes que apresenta;
- observar o cumprimento de atividades que lhe foram solicitadas;
- trocar ideias com os demais educadores, pais ou responsáveis a respeito dos itens de observação aqui elencados.

b) **Pela orientação**

Os educadores se desdobram para:

- orientar a criança e os pais ou responsáveis com base nos dados levantados mediante a observação.

c) **Pelo acompanhamento**

Os educadores se desdobram para:

- acompanhar o comportamento e as relações sociais da criança, tendo como base os dados e os resultados obtidos nas etapas de observação e orientação.

Mesmo que cada uma das fases do desenvolvimento da criança manifeste algumas características consideradas próprias, torna-se difícil individualizá-las, uma vez que, ao longo desse período de 6 anos, nenhuma delas se fará totalmente extinta.

Dessa forma, elencaremos universalmente as principais características das duas fases da educação infantil, permitindo que pais ou responsáveis e educadores as considerem em relação a cada criança, segundo o nível particular de desenvolvimento de cada uma. Essas características são:

- fase de construção do caráter, que deve ser orientada;
- convívio com padrões e normas sociais, que deve ser incentivado;
- períodos de negação e de imitação, que devem ser percebidos;
- manifestações de companheirismo e de solidariedade, que devem ser valorizadas;
- desenvolvimento de atividades que incentivam o esforço sensorial e o motor, que deve ser incentivado.

As duas fases de educação infantil serão tanto mais férteis em sinais vivos (manifestações e reações) que revelam desenvolvimento da criança quanto maior for o amparo pedagógico dos pais ou responsáveis e dos educadores. É por essa razão que persiste o lamento em relação à ausência de uma política que garanta a obrigatoriedade do acesso de toda criança à educação infantil.

Em resumo: consideramos que, em relação ao seu objetivo principal, a avaliação na educação infantil não se diferencia, na essência, da avaliação implementada nos demais níveis escolares, uma vez que sempre visa à aprendizagem, às relações e aos comportamentos.

Se alguma diferença pode ser apontada entre a avaliação da educação infantil e a dos demais níveis escolares é, basicamente, a formalidade instrumental. Como já foi dito, a educação infantil não é considerada um nível escolar (pelo fato de não ser enquadrada como processo formal de ensino) e a avaliação da criança, nessa etapa, não ocorre mediante a apresentação de notas, mas pela observação, pela orientação e pelo acompanhamento do desempenho e desenvolvimento da criança, que são devidamente registrados em quadros de anotações próprios, sem objetivo imediato de aprovação ou reprovação para outro nível escolar.

Esses quadros de anotações também são utilizados pelos educadores como registro do histórico escolar da criança e permitem acompanhar e comparar, de forma perene e universal, a evolução de cada criança nos aspectos físico, psicológico, intelectual e social.

Na educação básica, no ensino superior e na pós-graduação, o ensino e a aprendizagem se caracterizam formalmente. Dessa maneira, a avaliação se utiliza igualmente da observação, da orientação e do acompanhamento, mas com o acréscimo de diferentes instrumentos de avaliação.

3.6
Avaliação e instrumentos de verificação da aprendizagem: como assim?

Você já deve ter percebido que debater a respeito de avaliação da aprendizagem permite remetê-la à expressão popular que diz: "é um saco sem fundo!". Em outras palavras, quanto mais aprofundamos os debates, mais e mais percebemos quão pouco ainda dominamos seus propósitos.

A priori, defendo que a avaliação não necessita valer-se de instrumentos como condição *sine qua non* para cumprir o objetivo de favorecer e facilitar a aprendizagem. Para realizar uma boa avaliação, bastariam a observação e a percepção. Pessoalmente, acredito que os instrumentos tradicionais de avaliação da aprendizagem e do desempenho escolar (como notas e conceitos) podem, muitas vezes, ser dispensados. Ainda assim, não poderíamos deixar de analisá-los, pois, querendo ou não, continuam a ser bastante utilizados nos meios escolares, sendo importante que entrem nesse debate.

3.6.1
Instrumentos de avaliação diversificados

Os instrumentos de avaliação fazem parte de todos os níveis escolares, do ensino fundamental à pós-graduação. Além de terem se tornado uma exigência escolar, grande parte dos alunos manifesta preferência por externar o nível de sua aprendizagem por meio de instrumentos específicos. Assim, convém defender que haja diversificação na utilização desses instrumentos, porque diferentes alunos conseguem demonstrar melhor o seu desempenho por meio de diferentes formas avaliativas. Entre elas, podemos citar:

- seminário;
- trabalho em grupo;
- debate;
- relatório individual;
- autoavaliação;
- observação;
- conselho de classe ou conselho pedagógico;
- entrevista;
- estudo de caso;
- tribunal de júri simulado.

Esses instrumentos de avaliação têm o objetivo de instigar a aprendizagem, na medida em que estejam suficientemente bem organizados e implementados. Caso contrário, podem constituir obstáculo ao processo. Não é raro que instrumentos desse porte causem irritação e até mesmo sonolência nos espectadores e/ou participantes, pela pouca motivação que provocam, somada à má condução do seu desenvolvimento.

Em tempos que não estão tão distantes assim, o discente, por vezes, via reprimida a sua contribuição ativa nos ambientes escolares, quando o próprio professor externava, com base no seu imaginário, possíveis dúvidas do aluno e já apresentava as respostas – não abrindo espaço para realmente escutar as dúvidas do aluno. Tal atitude docente podia até provocar alguma absorção de conhecimentos, mas não havia preocupação em questioná-los.

É de causar estranheza que tanto questões discursivas (dissertativas) quanto objetivas sejam "batizadas" com o mesmo nome *avaliação*. Tenho convicção de que questões discursivas possuem uma ampla conotação processual e, por esse motivo, encontram-se no âmbito da avaliação. Já as questões objetivas permanecem em nível de verificação, sendo, portanto, instrumentos de avaliação.

Essa constatação é pertinente, em especial, porque leva em conta a compreensão individual das questões discursivas e objetivas e não do conjunto da obra educacional que estas compõem e na qual são positivamente intercomplementares.

Podemos, então, definir as questões discursivas e as objetivas (as quais, conforme foi mencionado anteriormente, são instrumentos de avaliação) da seguinte maneira:

a) **Questões discursivas**: "série de perguntas que exigem capacidade de estabelecer relações, resumir, analisar e julgar" (Both, 2008, p. 74-77).

b) **Questões objetivas**: "série de perguntas diretas para respostas curtas, com apenas uma solução possível" (Both, 2008, p. 74-77).

Basta que analisemos o formato das duas modalidades de questões para percebermos de imediato que as questões discursivas exigem, necessariamente, uma análise reflexiva mais profunda se comparada às questões objetivas. Por isso, podemos reafirmar que as questões discursivas encontram-se no nível processual de avaliação, enquanto as questões objetivas localizam-se no âmbito de prova ou verificação.

É importante que você atente para a diversidade de formulações de ambos os tipos de pergunta, a fim de disponibilizar ao aluno aquelas que permitam a ele externar com melhor propriedade os seus conhecimentos. Quando a avaliação é entendida metodologicamente dessa forma, exige esforço muito superior àquele que vem sendo despendido no processo avaliativo constituído por questões objetivas, como ocorre em grande parte das instituições de ensino – seja ele presencial, seja a distância.

Pedagogicamente falando, quais são os principais resultados positivos oriundos da relação entre a avaliação e a aprendizagem? Entre as possíveis respostas, podemos apontar as comentadas a seguir.

a) **Aprendizagem com conhecimento de causa**
Toda aprendizagem que é resultado de um eficiente processo de avaliação impõe maior credibilidade se comparada à que surge, muitas vezes de forma abrupta, de alguma iniciativa de verificação; pensar, analisar e refletir sugere maior profundidade de ação do que simplesmente verificar e constatar.

b) **Aquisição de conhecimentos indispensáveis e periféricos a respeito de um tema**
No desenvolvimento de um tema, constatamos a sua composição por duas camadas de conhecimentos: uma imprescindível e outra complementar. Os conhecimentos que compõem a camada imprescindível não podem ser deixados de lado, por nenhum motivo, no desenvolvimento de um determinado tema. Já a camada de conteúdos considerados periféricos na composição de conhecimentos de um determinado tema também é de grande importância, mas não imprescindível; é da inobservância da hierarquia entre essas duas camadas de conhecimentos que muitas vezes ocorre uma aprendizagem com "buracos", falhas e/ou inconsistências.

c) **Percepção da avaliação como modalidade de pesquisa de novos e renovados conhecimentos que dão sustentação a um determinado tema**

A avaliação exerce também a função de pesquisa quando sua atuação favorece e fomenta a aprendizagem. Isso se explica pelo seu "trabalho" de coleta de dados e de busca de informações necessárias a respeito da capacidade de assimilação de conteúdos imprescindíveis e periféricos (tanto em amplitude quanto em profundidade) pelo aluno, na composição de seu cabedal de conhecimentos, de forma que este possa dar a sustentação necessária ao domínio de um determinado tema. A avaliação, vista sob esse prisma investigativo, permite perceber e definir, de modo completo, o nível de desempenho de uma pessoa.

d) **Função mediadora da avaliação na sua relação com a aprendizagem**

A avaliação vem exercendo, desde sempre, o papel de mediadora em função da aprendizagem, uma vez que se ensina avaliando e se avalia ensinando, simultaneamente. Por exercer a mediação, a avaliação direciona e canaliza a sua carga pedagógica não para uma aprendizagem genérica, mas, sim, para uma aprendizagem que vise à dignificação dos valores de todo ser humano, sem distinção de qualquer natureza.

e) **Vontade obstinada de querer aprender mais e melhor**

A avaliação, entre tantos outros benefícios que dela decorrem, também é capaz de instigar o interesse em aprender mais e melhor. Contudo, esse interesse só ocorre à medida que o homem vai se aproximando do domínio pleno do conceito de *avaliação*.

Já vimos, em diversos momentos deste capítulo, aspectos que diferenciam a avaliação da verificação. Mencionamos que a avaliação tem o condão de velar por iniciativas que apoiem e favoreçam (em amplitude e profundidade) a aprendizagem consequente, por meio de sinalizações pensantes e reflexivas. A verificação, por sua vez, não cumpre função muito acima do que o seu próprio nome indica: ela simplesmente verifica ou constata a aprendizagem e o rendimento que ocorram.

Individualmente, a avaliação e a verificação cumprem as funções apontadas. No entanto, em ação conjunta, elas podem cumprir ações de mútuo apoio, em que a verificação sinaliza para uma possibilidade de aprendizagem e de melhoria de desempenho e a avaliação dá consistência ao que foi apontado pela verificação.

3.7
Compartilhar a avaliação com crianças: como?

Trata-se de um tema que algumas pessoas menos avisadas julgam ser de menor importância pelo fato de tratar nomeadamente a respeito de avaliação de pequeninos. Ledo engano! Reside justamente aqui a responsabilidade de tentar oferecer a melhor avaliação possível em função da aprendizagem das crianças, com repercussão no presente e no futuro.

Você certamente se recorda da expressão popular que diz que "é de pequenino que se torce o pepino". Em outras palavras, possivelmente possamos afirmar que uma decisão malconduzida com relação às crianças poderá refletir-se negativamente em seu comportamento e em seu desenvolvimento sociopessoal futuro.

3.7.1
Avaliação no ensino fundamental

Neste item, investiremos no debate a respeito da avaliação de crianças do 1º ao 9º ano do ensino fundamental, assunto também de difícil debate. Mas vamos lá, pois é de igual importância.

A Lei nº 9.394, de 20 de dezembro de 1996, **que** estabelece as diretrizes e bases da educação nacional, no art. 24, alínea "a", faz menção à "avaliação contínua e cumulativa do desempenho do aluno, com prevalência dos aspectos qualitativos sobre os quantitativos e dos resultados ao longo do período sobre os de eventuais provas finais". Essa lei sinaliza para os principais rumos que a avaliação deve tomar, mesmo agora quando o ensino fundamental compreende 9 anos de duração, assim divididos:

Figura 3.1 — *Anos iniciais e finais do ensino fundamental*

Anos iniciais					Anos finais			
1º ano	2º ano	3º ano	4º ano	5º ano	6º ano	7º ano	8º ano	9º ano

Então, o que expressa a legislação a respeito da avaliação no ensino fundamental?

a) **Avaliação contínua e cumulativa do desempenho do aluno**
Esse posicionamento do Ministério da Educação é satisfatório em relação à filosofia da avaliação para o ensino fundamental. Como ação contínua, é uma avaliação processual e, por ser cumulativa, torna o desempenho do aluno perceptível. Além disso, embora a avaliação cumulativa também tenha como ferramenta a nota, pedagogicamente prevalece a aprendizagem que vai acumulando-se continuamente pela soma de conhecimentos.

b) **Prevalência dos aspectos qualitativos sobre os quantitativos**
Os aspectos qualitativos e quantitativos podem conviver lado a lado, por serem complementares. No entanto, quando tratado individualmente, o aspecto qualitativo deve se sobrepor ao quantitativo – a demonstração do aspecto qualitativo na sua relação com a avaliação permite-nos obter resultados socialmente construídos. Em contrapartida, o aspecto quantitativo (na sua relação com a avaliação) procura interpretar e descrever

resultados e não necessariamente promove a reflexão. Enquanto aspectos qualitativos facultam a obtenção de resultados que podem ser individualizados (do aluno) ou coletivos (da turma), aspectos quantitativos podem representar apenas números frios, sem a devida relação contextual.

c) Prevalência dos resultados da avaliação realizada ao longo do período escolar sobre os de provas finais
É incontestável que os resultados conquistados pelo aluno ao longo do ano letivo são pedagogicamente muito mais positivos do que os alcançados eventualmente por uma ou outra avaliação pontual. É também por essa razão que consideramos a aprendizagem um processo, quando a soma constante das aprendizagens constitui conhecimentos.

Com o aumento do período de duração do ensino fundamental (de 8 para 9 anos), algumas variações filosóficas e pedagógicas devem ser consideradas: como as crianças não mais ingressarão no ensino fundamental com 7 anos, mas com 6, diminuirá um pouco a angústia por parte dos professores em relação ao tempo de preparo proporcionado ao grande contingente de crianças que integram o ensino fundamental.

Outros aspectos que igualmente derivam do aumento de duração do ensino fundamental são os discutidos a seguir.

a) O período de alfabetização das crianças deverá ocorrer formalmente até o 3º ano:
Esse item tem significativo teor social, uma vez que permite que as crianças tenham a possibilidade de acesso aos benefícios educacionais já a partir dos 6 anos, mediante a alfabetização antecipada; com essa prerrogativa legal, também é favorecido aquele enorme contingente de crianças que, na situação anterior, não usufruía, por motivos diversos, dos benefícios da educação infantil.

Iniciar a alfabetização (que terá duração formal de 3 anos) das crianças quando estas atingem 6 anos de idade poderá ser um grande passo à frente, por dois motivos: pelo amadurecimento psicológico e social precoce que as crianças vêm demonstrando nas últimas décadas e pela igualdade das condições de acesso aos benefícios educacionais antecipados, dada a todas as crianças.

Sabemos que não há unanimidade de opinião em relação ao estabelecimento do período dos três primeiros anos escolares para a concretização da alfabetização. No entanto, essa medida pode não obter sucesso devido a dois fatores: condições de trabalho insuficientes e despreparo da equipe pedagógica.

Contudo, mesmo que sejam estabelecidos três anos para a efetivação da alfabetização, continua valendo o propósito de que esta deverá continuar ocorrendo, de forma complementar, ao longo de todo o ensino fundamental. O processo de alfabetização não tem tempo nem hora para ser concluído.

b) Não haverá mais reprovação nos três primeiros anos escolares

Essa é uma decisão que causa polêmica. Se, de um lado, a aprovação universal não pode ser tida como garantia de boa aprendizagem, por outro, a reprovação causa traumas, em especial às crianças nos primeiros anos escolares, além de poder levar à evasão escolar.

Tendo esse cenário em vista, você pode estar se fazendo a seguinte pergunta: Qual é o melhor caminho a seguir em relação a essa incerteza escolar? Pessoalmente, sempre fui e serei favorável à ideia de que aprovar ou reprovar não é função da escola, mas, sim, cumpre-lhe garantir uma boa aprendizagem a todos os alunos.

Infelizmente, por razões múltiplas, a escola não consegue propiciar as melhores condições de trabalho escolar; contudo, ela tem obrigação de selecionar os melhores professores. Você poderá fazer a seguinte pergunta: Onde encontrarei os melhores professores? A resposta é: eles se encontram nas instituições que formam os melhores formadores.

A esta altura do nosso debate, penso que novamente chegamos à mesma indagação: Como está a formação dos nossos professores? Possivelmente, o problema está aí, pois a formação dos professores, muitas vezes defasada, contribui diretamente para a inadequada formação dos alunos.

Ainda que o objetivo da avaliação, durante os nove anos do ensino fundamental, seja o de favorecer e promover a boa aprendizagem para cada aluno, o posicionamento metodológico, no entanto, requererá o emprego de variáveis metodológicas pontuais e específicas ao longo desse tempo.

Entre os objetivos que exigirão essa diversidade metodológica, em função do processo de avaliação do desempenho do aluno na aprendizagem, podemos apontar os examinados na sequência:

a) Respeitar o ritmo de aprendizagem de cada aluno

Cada aluno possui um ritmo de percepção e aprendizagem diferenciado. É muito importante que os pais ou responsáveis e os professores prestem muita atenção nesse fato, uma vez que desconsiderar essa realidade poderá significar prejuízos de difícil recuperação quanto ao amadurecimento psicológico e social do indivíduo. A defasagem em relação ao ritmo de percepção e aprendizagem ocorre com maior intensidade na infância, sem desaparecer de todo na juventude e na vida adulta. Nessas fases, entretanto, isso acontece em menor grau.

b) Levar o aluno a reconhecer que é um "ser com os outros"

Desde os primeiros dias de vida, o ser humano se percebe e se reconhece um ser social, que, mesmo vivendo eventualmente só, sente necessidade de se relacionar com um semelhante. Saber "ser com os outros" e saber se relacionar são fortes tendências entre os seres humanos, pois, como diz o ditado, "não é bom que o homem esteja só".

A máxima "saber se relacionar" vem criando corpo nos meios profissionais; atualmente, não é mais requerido como atributo principal de um candidato a uma vaga de emprego o "saber fazer". Agora, além de estar apto para a função, o candidato precisa: saber ser, saber se relacionar, saber conviver, ter autonomia, saber tomar iniciativas, ser determinado, ser flexível, saber negociar.

c) Instigar o aluno a ser corresponsável na produção de novos conhecimentos, a dar "roupagem" nova a conhecimentos existentes e ao desenvolvimento dos conhecimentos juntamente com o professor
Se o professor já foi o centro das atenções – "o sabe tudo", cuja fala prosperava intensamente num monólogo –, hoje, no entanto, o encaminhamento da maioria das ações escolares tende à corresponsabilidade entre o professor e o aluno. Logicamente, o professor continua a ser a pessoa mais preparada para fazer o encaminhamento da boa aprendizagem; no entanto, a abertura de espaços para que o aluno manifeste suas contribuições na produção de novos conhecimentos e na renovação da "roupagem" de conhecimentos já existentes vem se tornando mais e mais uma próspera e feliz insistência.

d) Dar a perceber ao aluno que o período de sua alfabetização formal ocorre nos três primeiros anos do ensino fundamental, mas que, informalmente, ela perpassa os nove anos escolares
Ainda que o Ministério da Educação tenha fixado e reservado um período de três anos para a alfabetização formal, sabemos também que a aprendizagem não possui fronteiras nem limites rígidos para acontecer. É possível concretizar com êxito a alfabetização nesse período, porém essa concretude depende especialmente de dois fatores: condições de trabalho escolar e pertinência da formação dos recursos humanos.

e) Possibilitar que o aluno perceba a satisfação do professor em ensinar, fazendo com que se sinta contaminado pela alegria de aprender

A perene aliança de satisfação que é estabelecida entre o ato do professor (propiciar aprendizagem) e o ato do aluno (aprender) é um dos grandes motes para a aprendizagem acontecer; quando o estudante se dá conta da satisfação do professor em facilitar a aprendizagem, possivelmente demonstrará alegria em assimilar os conhecimentos.

A vontade de aprender do aluno está relacionada à demonstração de satisfação manifestada pelo professor durante a ação de facilitar a aprendizagem. Sabemos que uma aula considerada "chata" influencia no desprazer do aluno em participar dela.

Penso que você concorda comigo que é possível fazer uma comparação entre um prato de comida e uma aula: se a comida é saborosa, exclamamos "ah, que prato saboroso!"; se os conteúdos são desenvolvidos de forma positiva e agradável, dizemos "ah, que aula boa!". Um mesmo prato considerado saboroso no seu conjunto pode ter uma das composições alimentares que não será tão agradável assim ao paladar; da mesma forma, uma aula considerada boa no seu conjunto poderá conter algum momento pouco aceitável. Seja como for, tanto a aula quanto um prato de comida devem sempre primar pelo bom gosto.

O tema que desenvolvemos sobre "compartilhar a avaliação com crianças" não é tarefa fácil, não pela composição do texto em si, mas pela imensa responsabilidade que representa tecer comentários e opiniões, tendo como foco a criança, que ainda está no começo de uma longa e fecunda vida pela frente.

Mas, mesmo com a imensa responsabilidade, não é possível calar-se quando se pode contribuir com a educação de crianças. O bom e certeiro nível de investimento educacional nas crianças proporciona grandes chances de haver reflexos positivos nos demais níveis escolares.

Vale repetir a significativa expressão popular: "é de pequenino que se torce o pepino". É depois dessa etapa escolar que se dosa a maior ou a menor o nível de aceitação do principal objetivo da avaliação nos níveis escolares subsequentes, que é o de fomentar e facilitar a aprendizagem e o desempenho dos estudantes.

3.8 Uma palavra final

Quão agradável e proveitosa foi a sua companhia no debate a respeito da avaliação da aprendizagem. Juntos, percorremos um longo caminho até aportarmos neste ponto de chegada. Mas, com certeza, valeu a pena, pois debatemos temas que, de outra forma, talvez nunca teríamos a oportunidade de analisar.

Vejamos alguns dos principais temas que foram abordados nesse debate:

- ~ avaliação e excelência na qualidade educacional;
- ~ conceitos e objetivos de avaliação;
- ~ avaliação e formação pedagógica;
- ~ conceitos e notas;
- ~ como se faz a avaliação na educação infantil;
- ~ instrumentos de avaliação mediadora;
- ~ compartilhar a avaliação com crianças.

Esses temas, vistos individualmente, não conseguem externar a real riqueza de detalhes contida em cada um, diferentemente do que ocorre quando são analisados em conjunto, perpassando o ensino fundamental em toda a sua extensão.

O fundamento da educação constitui o ensino dos primeiros anos escolares, mas isso em termos de legislação; é uma pena que, no dia a dia, tal fato não se concretize a contento. Esse olhar (de cima para baixo – dos legisladores e dos órgãos responsáveis) sobre o ensino fundamental aos poucos vai tomando novas direções, que se desviam da malfadada concessão de *status* que privilegia socialmente um nível escolar em detrimento de outro.

Percebemos, ao longo de nossos enriquecedores debates acadêmicos, que a avaliação deve ser estimulada tanto nos meios escolares quanto nos sociais, como veículo inarredável a caminho de uma aprendizagem consequente.

Por essa razão, não é justo que seu uso ainda cause medos, ojerizas e aversões, inclusive em meios escolares, que deveriam privilegiá-la como condição *sine qua non* para a melhoria da aprendizagem em qualquer ambiente.

Por isso, é pelo conjunto do texto elaborado para este capítulo que é possível reafirmar o título *Avaliação da aprendizagem: quando o ser humano tem a educação como privilégio.*

Torço muito para que tenha sido claro e simples o suficiente, a fim de que os leitores consigam usufruir dos resultados do debate a respeito da avaliação da aprendizagem.

Entendo não ser segredo para ninguém, ainda mais quando se trata de educadores, que, entre aprendizagem, desempenho e avaliação, possa existir tamanha cumplicidade acadêmica como a que foi apregoada no transcurso de todo este trabalho.

capítulo 4

Avaliação e formação pedagógica: um paradigma para a boa docência

> Avaliação com sustentação pedagógica é um passo à frente em educação.

A educação brasileira que trata de formação de recursos humanos por meio do ensino superior "peca" naquilo que existe de mais nobre na relação educativa entre os seres humanos: fornece insuficiente formação pedagógica.

Concordamos que esse fato constitui uma aberração curricular e não é culpa dos recursos humanos formados nos meios acadêmicos de nível superior.

No rol dos cursos de nível superior, existem duas modalidades: bacharelado e licenciatura. Enquanto os cursos da modalidade de bacharelado formam profissionais com predominância acadêmica técnica e científica, os da modalidade **licenciatura** investem mais em formação pedagógica.

Essa dualidade formativa deixa rastros com vazios imensos em ambas as modalidades. Na primeira, pelo vazio pedagógico que pouco contempla a relação interpessoal das pessoas e, na segunda, pelo reduzido domínio técnico das pessoas na sua relação profissional.

Assim sendo, os recursos humanos formados em cursos de bacharelado, no momento de suas vidas profissionais em que também optarem abraçar a carreira docente, devem realizar algum curso que complemente a sua formação para o magistério superior. De igual forma, cabe aos profissionais licenciados se especializarem por meio de algum curso de formação técnica, quando desejarem igualmente atuar nessa linha.

A solução para dirimir essa dualidade formativa poderá ser sanada pela formação dois em um, simultaneamente, válida para todos os cursos em nível superior: bacharelado (formação técnica) mais licenciatura (formação pedagógica) = cursos de nível superior. Dessa forma, todos os cursos de nível superior contemplariam com igual intensidade competências, capacidades e habilidades técnicas e pedagógicas.

4.1
Despertar potencialidades e reconhecer competências, capacidades e habilidades são funções do educador.

Acreditamos que uma das faculdades que perenemente deve se fazer presente em todos os docentes é a sua capacidade de percepção das potencialidades a serem despertadas nos alunos.

Sabemos que a aprendizagem não se prende simplesmente à intensidade de domínio de conteúdos, mas, paralelamente, na descoberta pelos estudantes das necessárias potencialidades para a sua aplicação prática. Por isso, a descoberta, o desvendar e o refinamento de tais potencialidades é fator imprescindível para o sucesso da desenvoltura social e profissional do educando.

Por vezes, o aluno não se dá conta dos incomensuráveis benefícios que podem ser usufruídos de saberes para o seu sucesso na vida pessoal e profissional, porque não possui suficiente clareza e domínio da amplitude e da profundidade de valores formativos presentes em competência, capacidade e habilidade, que lhe faltam serem mais bem explorados para o seu desempenho no dia a dia.

Há controvérsias acadêmicas no entendimento de competência, capacidade e habilidade. Existem autores que privilegiam somente as nomenclaturas *competência* e *habilidade* em suas lides acadêmicas. No entanto, entendemos que a denominação *capacidade* também tem uma importante função na valorização de competência e habilidade, quando se trata de demonstração de desempenho.

Dessa forma, tanto o desempenho acadêmico quanto o relacionado à consecução de qualquer outra atividade profissional ou social ensejam competência, capacidade e habilidade, irmanadas, e devem ser propostas com o seguinte entendimento:

a) Competência – é imprescindível ao bom estudante assessorar-se e assegurar-se de fontes que lhe deem base suficiente de acesso a conteúdos de variada ordem, oriundos das diferentes áreas de conhecimento.

Entendemos que o estudante competente é aquele que se sente estimulado na busca permanente de novos e renovados conhecimentos. No entanto, essa situação não basta para a caracterização de bom estudante. Sugerimos a esse estudante estudante: atitude de capacidade. Mas como?

b) Capacidade – uma vez senhor de muitos e variados conhecimento sobre temas específicos e genéricos, cabe ao estudante saber o que fazer com eles, saber aplicá-los e relacioná-los. Mas, somente isso ainda não basta: é necessário ser hábil.

c) Habilidade – eis a questão. O aluno é detentor de inúmeros conhecimentos de forma ordenada e consequente (o que o caracteriza como competente), aplica os conhecimentos no dia a dia e os relaciona entre si, quando necessário (faculdade de ser capaz), então ainda lhe resta ser hábil.

E a habilidade, nesse caso, sugere ao estudante ser criativo tanto na escolha competente dos conhecimentos a serem dominados como na aplicação de tais conhecimentos.

Competência, capacidade e habilidade são componentes educativos que, interativos, cumprem objetivo muito importante no contexto educacional e social: são facilitadores de aprendizagem, com vistas à melhoria de desempenho profissional e acadêmico.

4.2
Conceito, nota e função docente: um trinômio pela aprendizagem

> Conceito ou nota: para quê? Vamos refletir sobre isso?

Penso que você concorda comigo que o nível de qualidade da educação brasileira vem sendo considerado diretamente proporcional, desde sempre, ao valor de conceitos ou de notas obtidos pelos estudantes.

Conceito ou nota tem pouco ou nada a ver com desempenho e aprendizagem. Conceito e nota são apenas referenciais que, eventualmente, podem servir de algum indicador de aprendizagem, para dizer a quantas anda a aprendizagem.

No entanto, a ausência de conceito ou nota pouca ou nenhuma falta faz como parâmetro de aprendizagem para educador e educando. Então, para que existe tanta valorização e insistência com conceito ou nota ao longo do processo escolar de aprendizagem dos alunos em todos os níveis escolares?

Sabemos que a primeira e melhor oportunidade de aprendizagem – ou ao menos deveria ser – é a informal, a familiar, vindo, em seguida, em ordem de importância, a aprendizagem formal, a escolar.

Então, perguntamos: Os pais dão notas ao educarem os seus filhos? Ou então: Os pais fazem separação entre educar e avaliar? Por acaso eles se perguntam: "Agora vou ensinar e, em seguida, vou avaliar?" Com certeza, nada disso ocorre ao longo do processo educativo entre pais e filhos.

Conceitos e notas são vícios historicamente valorizados tanto por sistemas escolares quanto por educadores. Então, para que existem conceitos e notas? Eles são requeridos como indicadores de progressão escolar em históricos escolares ou, ainda, servem de parâmetros classificatórios em concursos, e assim por diante.

No entanto, jamais deveriam ser utilizados como parâmetro de medida para aprovação ou reprovação do educando em níveis escolares. Para tal fim, prestam-se muito bem a observação e o acompanhamento do nível de desempenho demonstrado pelo educando.

A observação e o acompanhamento, como modalidades avaliativas, exigem do educador – ah, isso sim – muito empenho e tempo, elevado senso de responsabilidade, de justiça e de bom senso. Tais modalidades estão presentes em todos os níveis escolares, no entanto, cada um destes preserva características de intermediação diversas.

Na educação infantil e nos anos iniciais do ensino fundamental, a observação e o acompanhamento são componentes pedagógicos fundamentais para identificar as condições psicológicas e sociais de interação das crianças, bem como a sua disponibilidade para a aprendizagem e as ações a serem eleitas para que a aprendizagem aconteça aos poucos.

De quinta à oitava série, as crianças são orientadas e incentivadas para a sua interação mais próxima com o vasto mundo da aprendizagem, levando-as a utilizarem a sua natural curiosidade para a formulação e a construção de novas ideias com base em conhecimentos trabalhados em ambiente escolar.

Nessa etapa escolar, os estudantes igualmente são orientados – ou deveriam ser orientados – sobre como estudar, visto que essa atividade está sendo cumprida, muitas vezes, de forma desordenada e desorganizada por grande contingente da classe estudantil.

Saber estudar é um marco importante na vida estudantil em todos os níveis escolares, tendo em vista a facilitação da aprendizagem sem a somatização de eventuais traumas e desconfianças por parte do estudante que pressuponham sua eventual incapacidade para o estudo.

São poucos os ambientes escolares que se dedicam ao componente "estudar", tão importante e, por vezes, decisivo para o sucesso no transcurso de toda uma vida estudantil.

No ensino médio, o estudante sente-se incentivado e convicto de que a aprendizagem com comprometimento pessoal e social ocorre de forma efetiva. A construção e a reformulação de conhecimentos tornam-se uma tarefa indispensável para que o estudante possa vislumbrar sucesso acadêmico no ensino superior. É nesse nível escolar que ocorre a conjunção e o entendimento entre o ensino teórico e o ensino técnico, entre os conhecimentos prontos e a iniciativa criativa de novos e renovados conhecimentos, com vistas ao exercício de uma atividade profissional.

No ensino superior e no ensino de pós-graduação, o estudante se encaminha para a cientificidade, não se conformando simplesmente com os conhecimentos prontos, ele os encara de forma crítica e construtiva.

É nesse nível escolar (graduação e pós-graduação) que a atividade de pesquisa se torna um componente indispensável e insubstituível na vida acadêmica, quando todas as intervenções de aprendizagem e de criação são conduzidas e efetivadas com absoluto conhecimento de causa.

4.3
Docente: um profissional indispensável. Concorda?

Entendemos que o profissional docente é uma figura indispensável, em todos os níveis escolares, desde o ensino fundamental até a pós-graduação, tanto na modalidade presencial como no ensino a distância.

O docente cumpre papéis diversos para fomentar e incentivar o aluno para a aprendizagem, como os de:

- ~ provocador;
- ~ desassossegador;
- ~ inspirador;

- orientador;
- facilitador.

Não é que o aluno não possa assimilar e decidir-se por conhecimentos por conta própria, por autonomia de estudos, no entanto, a participação do professor nessa decisão tão importante por uma ampla e boa aprendizagem sempre será muito importante.

Em cada um dos níveis escolares, o papel didático e metodológico do professor é diversificado, respeitando as condições psicológicas de amadurecimento intelectual, as diferenças comportamentais e os ritmos próprios de aprendizagem dos estudantes em cada uma dessas fases.

A função docente também passa necessariamente pelas modalidades professor e educador. Como já abordamos anteriormente, enquanto o professor cumpre as suas funções indispensáveis de incentivador dos estudantes para o estudo e para a descoberta, facilitando a sua aprendizagem, o educador desempenha tanto as funções legadas ao professor quanto as de orientador e de inspirador para o amadurecimento e progresso social, profissional e pessoal do aluno.

Dessa forma, ser professor já é o bastante, mas ser educador significa um passo à frente na realização e no desenvolvimento universal do aluno: psicológico, social e culturalmente. Professor ou educador, trata-se de profissional que se valoriza orientando os seus discípulos a preservarem e a amadurecerem valores indispensáveis à realização pessoal e profissional ao longo de suas vidas.

Cumprir função docente na atualidade nem sempre revela tranquilidade nos ambientes de aprendizagem, seja qual for o nível escolar, muito em consequência da atitude passiva que os estudantes estão deixando de lado, quando se trata de desenvolvimento dos conteúdos de aprendizagem, em função de debates focados na realidade sociocultural brasileira e mundial.

Se nos primórdios dos tempos educacionais a liderança do professor na atuação educativa se revelava, muitas vezes, por imposição de sua autoridade, no tempo presente o equilíbrio de participação democrática de professores e alunos revela crescente corresponsabilidade na ação educativa.

Mesmo que, por vezes, exageros de posicionamentos ocorram de ambas as partes em ambientes escolares, ainda assim é positiva a evolução de entendimento entre professor e aluno no esforço de favorecimento de sempre maior e melhor aprendizagem, com base em fundamentos científicos.

capítulo 5

Da educação infantil ao ensino fundamental: como conceber a avaliação?

Convido você a refletir comigo sobre a seguinte linha de pensamento: a educação infantil pode ser comparada a um jardim no qual é semeada uma grande variedade de sementes que germinam com características físicas próprias, cujas flores mantêm tonalidades de cores segundo cada espécie.

Essa alusão de criança com jardim evidencia a caracterização de cada uma como ser humano que se diferencia do outro por valores sociais, culturais e étnicos, os quais devem ser considerados nos ambientes escolares, com vistas à interação social e à facilitação da aprendizagem.

Educação infantil = início da interação social pela educação

De origem alemã, a expressão *Kindergarten* (*kinder* = crianças e *garten* = jardim) significa "jardim de crianças" e, por alusão, jardim de infância. *Jardim de crianças* ou *jardim de infância* trata-se de um termo linguístico que traz em seu interior um natural desassossego e um forte dinamismo que devem ser valorizados, estudados e acompanhados como realidades comportamentais do presente, mas que se refletem ao longo de toda a vida estudantil, desembocando para lá da pós-graduação em nível *stricto sensu*.

Segundo a Lei nº 9.394, de 20 de dezembro de 1996, que estabelece as diretrizes e bases da educação nacional, a educação básica é formada pela educação infantil, pelo ensino fundamental e pelo ensino médio. Como primeiro degrau da pirâmide educacional, a educação básica tem, genericamente, por finalidades "desenvolver o educando, assegurar-lhe a formação comum indispensável para o exercício da cidadania e fornecer-lhe meios para progredir no trabalho e em estudos posteriores" (art. 22).

Por sua vez, a educação infantil, na condição de primeira etapa da educação básica, "tem como finalidade o desenvolvimento integral da criança até seis anos de idade, em seus aspectos físico, psicológico, intelectual e social, complementando a ação da família e da comunidade" (art. 29).

Ainda com base na Lei nº 9.394/1996, a avaliação possui lugar de destaque no desenvolvimento integral da criança, quando se referencia que "a avaliação far-se-á mediante acompanhamento e registro do seu desenvolvimento, sem o objetivo de promoção, mesmo para o acesso ao ensino fundamental" (art. 31).

Percebemos, explicitamente, ser a etapa da educação infantil o pontapé inicial para a fundamentação e a formação de equilíbrio físico, psicológico, intelectual e social, com base em valores e comportamentos próprios como exigência em cada um dos níveis escolares.

5.1
Base de formação, sem promoção escolar

Concordamos que, como base elementar da pirâmide educacional, a educação infantil constitui um bloco educativo único entre os níveis escolares, o que bem demonstra a grande importância devotada a essa etapa de formação de uma criança.

Ainda que o objetivo principal da educação infantil não vise como condição *sine qua non* à promoção para outro nível escolar, no entanto, quanto melhor preparada estiver essa criança com relação ao equilíbrio físico, psicológico, intelectual e social, tanto melhores condições ela demonstrará para lograr êxito no ensino fundamental e subsequentes.

Sabemos que as crianças que transitaram pela educação infantil e as que não tiveram essa oportunidade demonstram sensíveis diferenças de amadurecimento psicossocial, principalmente no ensino fundamental. Essa desigualdade de oportunidades – e até discriminatória – pode deixar marcas indeléveis de favorecimento a uns em detrimento de outros no desempenho profissional e na realização pessoal de cada indivíduo ao longo dos tempos.

Essa eventual desvantagem de oportunidades formativas pode ser recuperada, em parte, ao longo dos diferentes níveis escolares, havendo ensino de muito boa qualidade, que vise à formação humana e profissional consistente, acompanhada de orientações psicológicas e sociais.

É importante alertar para a necessidade de excelente preparação acadêmica e psicológica exigida de profissionais que atuam na educação infantil. Houve tempos – e não tão distantes – em que para atuar em educação infantil não eram requeridas desse profissional competências, capacidades e habilidades formativas específicas.

Esse fato se explica mediante dois componentes: um, talvez o mais importante, seja o de não se ter valorizado devidamente a educação infantil como prerrequisito importante para o sucesso escolar na sequência dos demais níveis; e outro que está diretamente ligado à precariedade de recursos humanos formados à disposição do mercado para esse fim.

Muitas vezes, em tempos passados, era requisito principal do professor demonstrar algumas experiências em lidar com crianças dessa faixa etária. No entanto, hoje, para o bem da educação infantil, é exigência que esse profissional tenha excelente qualificação em nível superior para nela atuar.

Aqui novamente cabe reportarmo-nos à base da educação nacional. Havendo um bom início escolar, o aluno demonstrará, em princípio, condições favoráveis para prosseguir em estudos de boa qualidade em todos os níveis escolares.

Cabe, aqui, novamente, dizermos que ser professor competente (ter necessário domínio de conhecimentos em diferentes áreas), capaz (saber relacionar, comparar e aplicar os diferentes conhecimentos) e hábil (aplicar de forma criativa os conhecimentos que domina) é exigência em todos os níveis escolares, desde a educação infantil, passando pelos ensinos fundamental e médio, e desembocando nos ensinos de graduação e pós-graduação. Competência, capacidade e habilidade são variáveis permanentes na docência. O que diferencia a atuação docente nos diversos níveis escolares são questões de ordem didática, pedagógica, metodológica e de conteúdos, segundo especificidades de cada nível escolar e amadurecimento psico-sócio-cultural dos alunos.

5.2
Compartilhar a avaliação com crianças e adolescentes

Convido você a refletir comigo sobre este tema tão importante na educação infantil: a ação de avaliar!

> Valorizar a avaliação já nos primeiros anos escolares é antever sua boa aceitação ao longo do processo de aprendizagem

Quando sem prévia motivação é ofertada uma fruta a uma criança que ela jamais experimentou, é previsível que sua resposta seja: "Não gosto dessa fruta". No entanto, quando a oferta dessa mesma fruta é precedida de uma convincente motivação, é bem provável que a criança diga algo como: "Vou experimentá-la, mas só um pedacinho bem pequenininho". Os caminhos a serem percorridos para o reconhecimento e para a valorização da avaliação como componente indispensável para a facilitação da aprendizagem são os mesmos trilhados que os em prol da aceitação da degustação de uma fruta.

Ainda, entre outros, pode ser citada a matemática, que causa, por vezes, tanta repulsa em estudantes que desde o início de suas vidas estudantis ouviram cá e lá depoimentos desairosos que a definia como ciência de difícil domínio. Ou, mesmo, há depoimentos nos quais pais, até como forma de chamar a atenção dos filhos por eventual comportamento inadequado, utilizaram da ciência matemática como subterfúgio para se pronunciarem da seguinte forma: "Vocês, meus filhos, quando forem à escola, verão o quanto é difícil aprender matemática!". É também por esses e outros argumentos que algumas das ciências causam tantos e irreparáveis medos, ojerizas, aversões e até estresse em alguns dos estudantes ao longo de toda a sua vida discente, por conta de "fofocas" acadêmicas depreciativas.

Por tudo isso, não basta que o empenho pela valorização da função da avaliação no processo de aprendizagem ocorra somente a partir do ensino médio ou superior, o que poderá ser tarde demais. Seu reconhecimento pedagógico poderá ser tanto mais precocemente firmado na vida estudantil quanto mais cedo ele for iniciado.

Por isso mesmo, o trabalho de iniciação a respeito da função positiva da avaliação na sensibilização da criança para a sua natural interação com o seu meio circundante transcorre formalmente na educação infantil, por meio de prestação de serviços de orientação psicológica e comportamental por profissionais qualificados para tal fim, a partir de permanente processo de observação e acompanhamento das relações sociais dos pequeninos.

Assim, com base no grau de assimilação demonstrado pelas crianças da educação infantil dos objetivos pretendidos pelos serviços de orientação e acompanhamento efetuado pelos docentes, também poderá ser percebido o grau de reconhecimento a ser alcançado pela avaliação no favorecimento de uma boa aprendizagem, tanto nos anos escolares do ensino fundamental quanto nos níveis escolares subsequentes.

5.3
O entusiasmo em aprender é consequência da alegria de avaliar e ser avaliado

Penso que você concorda comigo que é fato verdadeiro que o grau de aceitação dos acontecimentos que a sociedade impõe diariamente ao ser humano está na dependência direta da grandeza de coração com que eles são propostos pelos seres de sua semelhança.

O maior ou menor nível de aceitação do objetivo da avaliação ao longo da vida estudantil igualmente se firma na medida em que for amadurecido o seu valor pedagógico positivo desde os primeiros anos escolares do educando.

Medos, receios, ojerizas com relação à presença da avaliação na vida escolar ou em qualquer outra circunstância da vida de qualquer ser humano não ocorrem por acaso, como um sopro de vento o qual nem sempre se sabe de onde vem.

Você, assim como eu, sabe que um evento se torna bem-aceito, querido e benquisto na medida em que a sua divulgação for feita de forma atraente, benfazeja, com previsão de bons resultados.

Sabemos que o nível de aceitação da avaliação com função de facilitação da aprendizagem num mesmo nível escolar, por exemplo, pode se revelar mais ou menos positivo de série para série, pois existem professores que a concebem, demonstram-na e aplicam-na no valor acadêmico igualmente mais ou menos acertado.

Se o professor se utiliza da avaliação no desenvolvimento de suas aulas de forma construtiva, é bem provável que o aluno:

- ~ perceba-a e a encare como componente positivo e construtivo para a melhoria de sua aprendizagem e consequente desempenho;

- não a entenda como fonte de receios, mas como sua grande aliada no processo de aprendizagem.

Nessa mesma linha de pensamento, pode ser corroborada a convicção sobre o elevado valor pedagógico que emana da avaliação a favor da melhoria da aprendizagem, com similar intensidade nos diversos níveis escolares. O que, no entanto, difere-se nos respectivos níveis escolares são as práticas de avaliação, tendo em vista o atendimento às exigências pedagógicas que caracteriza cada um.

Essa forma diversa que notabiliza a implementação das práticas avaliativas respectivamente com relação a crianças (educação infantil) e a adolescentes (ensino fundamental) pode ser traduzida da seguinte maneira:

a. **na educação infantil, a ação avaliativa sugere:**
   - perceber (observar) e acompanhar as crianças em suas reações ante diferentes acontecimentos e as respectivas iniciativas que tomam frente a realidades diversas;
   - orientar as crianças em suas mudanças comportamentais, levando em conta as percepções (observações) e as orientações realizadas pelos seus professores;
   - que é na prática do conjunto pedagógico de perceber (observar), acompanhar e orientar que se formaliza a ação avaliativa.

b. **no ensino fundamental, o processo avaliativo recomenda:**
   - observar e orientar os adolescentes em suas reações ante diferentes acontecimentos; em iniciativas que tomam frente a realidades diversas; em nível de contribuição que oferecem no desenvolvimento dos conteúdos dos temas de aula;
   - acompanhar os adolescentes na prática de sua criatividade e na demonstração de espírito científico na interpretação e na

reformulação dos conhecimentos existentes, bem como na criação de novos conhecimentos;

- é na prática do conjunto pedagógico de observar, orientar e acompanhar que se estabelece o universo avaliativo.

Percebemos que a essência do objetivo avaliativo não se descaracteriza na relação educação infantil e ensino fundamental. Ela – a essência avaliativa – toma somente caminhos característicos na relação **perceber, observar** e **acompanhar,** em função do aprender corroborado pela satisfação do avaliar e do ser avaliado.

5.4
Na educação infantil, a avaliação ocorre pela percepção, pelo acompanhamento e pela orientação

Concordamos que as práticas avaliativas, especificamente, ocorrem por meio de permanente observação e acompanhamento das crianças na interação com o ambiente escolar e na relação social com os seus superiores e coleguinhas.

Mesmo que nesse contexto a criança ainda não tenha noção exata do processo de avaliação que a envolve, ela percebe, no entanto, os **procedimentos de orientação** presentes em seu dia a dia por parte das pessoas em seu convívio.

O processo de avaliação na educação infantil concretiza-se eminentemente por procedimentos de orientação como consequência das ações de observação e acompanhamento pelos professores do comportamento e do desenvolvimento social, psicológico, físico e cultural harmonioso das crianças.

Tanto as observações anotadas pelos professores como as meramente percebidas, mas também introjetadas a respeito da evolução social, psicológica, física e cultural das crianças, são socializadas e debatidas internamente com os demais docentes, bem como com os pais ou responsáveis. Tais atitudes constituem iniciativas fundamentais que ajudam a harmonizar as decisões a serem tomadas a favor do desenvolvimento global das crianças.

Ainda que a etapa da educação infantil não constitua prerrequisito indispensável para o ingresso no ensino fundamental, ela contribui imensamente no amadurecimento psicológico e social das crianças para o seu bom desempenho já de início neste novo nível escolar.

Aliás, o acesso universal das crianças à educação infantil deve ser firme convicção dos pais e das autoridades educacionais em nível estadual e municipal, para que não haja desigualdade de condições já no início do ensino fundamental entre crianças que frequentaram a pré-escola e as que a ela não tiveram acesso em momento algum.

5.5
Avaliação no ensino fundamental: reais manifestações de aprendizagem

É nesse nível escolar – concorda? – que a prática avaliativa cria novos contornos pedagógicos, não em termos de objetivos, mas na forma. Se na educação infantil a avaliação é realizada por meio da observação e do acompanhamento comportamental e interativo da criança, no ensino fundamental ela se vale de processos diversos para a identificação e a motivação do desempenho do aluno.

Ou, ainda, se na educação infantil a criança tem participação involuntária e passiva na relação com o processo avaliativo e de aprendizagem, no ensino fundamental o educando nele contribui de forma voluntária e ativa.

O ensino fundamental é a etapa educativa em que o aluno cria e fortalece laços com formação e qualificação de excelência, pois:

- percebe que saber estudar é o caminho mais curto para a aprendizagem descobre que um ensino fundamental – de primeiro ao nono ano – bem realizado é a base para um bom desempenho nos demais níveis escolares; cria convicção de que o objetivo maior da avaliação é fortalecer a aprendizagem e não aprovar ou reprovar;
- descobre ser indispensável contribuir com o professor no desenvolvimento dos conteúdos e não somente se conformar em tomar conhecimento deles;
- percebe que em uma aula o professor procura esgotar com os alunos os principais conteúdos que sustentam um tema, mas que cabe ao aluno dar-lhes complemento por meio de leituras e estudos aprofundados, bem como nota e convence-se de que parte do conhecimento é posto ao seu alcance no ambiente escolar, mas que lhe cabe enriquecê-lo na busca de mais informações por meio de atitudes de investigação.

Tanto a educação infantil quanto o ensino fundamental devem ser encarados de forma otimista, sem constrangimentos nem barreiras psicológicas, pois é da grandeza de coração e da boa preparação do corpo docente para o seu desenvolvimento que eles se firmam como condição *sine qua non* para uma consistente caminhada para a concretização dos demais níveis escolares. É verdade que parte do corpo docente atua no ensino fundamental com desconfiança pouco velada com relação à recuperação qualitativa desse nível escolar no cenário da América Latina, em especial.

Tal descrença docente tem origem possivelmente em três fatores intimamente relacionados:

a. inconsistente e inadequada formação dos formados;
b. defasada qualificação dos formadores;
c. rumos tortuosos que a política educacional brasileira é tomando desde longa data, quando comparada com o contexto da realidade educacional dos demais países da América Latina, quase todos em melhor situação.

Tal realidade periclitante da educação fundamental brasileira é corroborada por estatísticas educacionais que há muito tempo posicionam a sua qualidade na "rabeira" do conjunto dos países que compõem a América Latina.

No entanto, convenhamos que não se trata de uma situação irrecuperável, pois, ao longo desses mesmos anos de infortúnio para o ensino fundamental, várias tentativas isoladas de experiências educativas bem-sucedidas vêm ocorrendo Brasil afora, mas que, por motivos até de "ciúme acadêmico", não foram universalizadas. Quiçá o Ministério da Educação, órgão-mor para a formalização de políticas educacionais, possa agrupar e apoiar de maneira universal as tentativas educativas que estão merecendo crédito no país.

capítulo 6

Conceito, instrumentos e objetivos para uma avaliação mediadora da aprendizagem

> Acima dos instrumentos está a concepção precisa de avaliação.

Já nos entendemos a respeito da onipresença da avaliação, de que em qualquer situação e época de vida de toda pessoa vislumbramos a presença da avaliação, seja de modo formal ou informal.

A avaliação é empregada como ponto de identificação de qualidade tanto nos setores da economia (primário, secundário e terciário) quanto na educação, na qual os recursos humanos são capacitados para a implementação do desenvolvimento.

A clareza de concepção de avaliação na educação é aspecto fundamental para que a aprendizagem possa cumprir com conhecimento de causa a sua função primordial: levar o ser humano a perceber as condições pessoais e profissionais de que é detentor com vistas ao seu bom desempenho.

Com função social, a avaliação não permite ser levada a efeito distante da aprendizagem, pois cumpre com ela a "voz da consciência", para que o desempenho de um ser humano, seja qual for a sua condição social, ocorra da maneira mais produtiva e rentável possível.

No entanto, para que avaliação e aprendizagem possam atuar em sintonia e de forma complementar, é necessário um trabalho perene de desmistificação da sua função, tanto no meio social quanto no escolar.

Com certeza, por insuficiente compreensão do valor e da real função da avaliação como amparo da aprendizagem vem se somatizando, desde os tempos mais remotos da humanidade, seu estigma amedrontador, classificador, revanchista, vingativo e até de ostentação de poder pelo avaliador para com o avaliado.

É evidente que, na realização de um concurso de qualquer ordem, a realidade classificatória e comparativa de desempenho entre os participantes sobressai. No entanto, no meio escolar, no qual a aprendizagem se torna o ponto mais relevante, os fatores de classificação e de comparação não deveriam jamais encontrar tanto espaço.

Pelo fato de educadores, sempre em menor número, ainda persistirem em "arapucas" do tipo classificatório e comparativo na avaliação do desempenho de seus alunos, a legitimidade avaliativa continuará a causar mais temores do que favorecer a aprendizagem.

Mas também se percebe que a legitimidade avaliativa, ainda bem, vai paulatinamente se encaminhando para o favorecimento da real aprendizagem dos escolares. Mas essa legitimidade avaliativa se firmará com maior evidência na medida em que for utilizada a favor do aluno, levando em conta que avaliar:

- é ajudar o aluno a perceber que a aprendizagem é condição *sine qua non* para a sua realização pessoal e profissional;
- é incentivar o aluno a desenvolver espírito científico, com vistas a perceber com conhecimento de causa os conteúdos que compõem a aprendizagem;
- avaliar é perceber a quantas anda o desempenho do aluno na assimilação de aprendizagem consequente;
- não deve ser iniciativa para aprovar ou reprovar o aluno, mas processo mediador para facilitar a aprendizagem;
- é demonstrar ao aluno que conceito ou nota são apenas um referencial do conhecimento adquirido, sem representarem a qualidade da aprendizagem assimilada;
- valoriza a aprendizagem, bem como os caminhos percorridos pelo aluno para a ela chegar.

Na avaliação da aprendizagem, não há o que inventar. O que aguardamos que ocorra na mentalidade dos educadores e dos educandos é a afirmação de uma real convicção sobre o conceito de avaliação. Enquanto persistir a argumentação de que avaliar é medir e verificar, por excelência, não se tornará fácil perceber que a avaliação cumpre essencialmente papel mediador no meio escolar em função da viabilização de aprendizagem de crescente qualidade.

Cabe nos meios escolares e sociais a compreensão clara e transparente de que a concepção de avaliação participa da essência da aprendizagem, enquanto instrumentos, contribuem no apoio à aprendizagem.

6.1 Conceito de avaliação em função da aprendizagem

Não somente na área educacional como também em outras áreas do meio social, a saber nos setores primário, secundário, terciário e serviços da economia, avaliação e aprendizagem cumprem a mesma função com vistas ao bom desempenho dos recursos humanos.

Tais expressões não caracterizam sinônimos, no entanto, refletem grande proximidade e intercomplementaridade acadêmica, pedagógica e social.

Por sua vez, concordamos que em avaliação da aprendizagem, particularmente, existem dois componentes imprescindíveis no conjunto acadêmico e complementares pedagogicamente. Tais componentes atendem por *conceito* e *instrumentos*.

Esses componentes igualmente mantêm necessária hierarquia pedagógica entre si. A hierarquia se coloca da seguinte forma: primeiro, o domínio de conceito de avaliação; e, segundo, a aplicação de instrumentos de avaliação.

Seguidamente repetimos que todo avaliador deve ter absoluta clareza com relação ao conceito de avaliação, pois, dessa maneira, a avaliação cumpre com maior possibilidade de acerto o seu objetivo de facilitar a aprendizagem em prol de bom desempenho do ser humano.

Por isso mesmo, domínio pleno, claro e preciso de conceito de avaliação é o ponto mais alto para a sua utilização de forma consequente. Não existe verdadeira aprendizagem, não havendo avaliação condizente.

Não podemos possibilitar uma boa aprendizagem sem a indispensável disponibilidade e contribuição do aprendiz a ser beneficiado em âmbito pessoal, social e profissional.

6.2
Instrumentos de avaliação: ponto de identificação de equilíbrio entre aprendizagem e desempenho

Os conceitos de avaliação e de instrumentos de avaliação, juntos, podem cumprir o objetivo de favorecimento de aprendizagem. Avaliar, na verdade, é perceber a quantas anda a aprendizagem dos alunos, e não somente descobrir o quanto e em que nível os alunos dominam conteúdos ou o quanto e em que nível eles os têm em falta.

No entanto, não basta ao avaliador ter domínio de variados tipos de instrumentos de avaliação, pois, por si só, não cumprem em plenitude papel avaliativo nem em profundidade nem em abrangência, quando não empregados de acordo com a característica funcional de cada um.

Outro aspecto não menos importante academicamente é o avaliador perceber mediante qual tipo de instrumento de avaliação cada aprendiz consegue demonstrar melhor o seu domínio de conhecimentos.

Por isso, a repetição dos mesmos instrumentos de avaliação por determinado tempo poderá demonstrar certa injustiça com relação a um e a outro aluno. Isso porque alguns alunos conseguem demonstrar domínio de conhecimentos mediante o uso de certo tipo de instrumento e com relação a outros tal fato poderá não ocorrer com a mesma fluência e desenvoltura.

É evidente que a utilização de variados tipos de instrumentos exige do professor maior intensidade de trabalhos do que com o emprego de um mesmo instrumento para todos os alunos, simultaneamente. No entanto, a diversidade de utilização de instrumentos em avaliação da aprendizagem poderá favorecer a todos os alunos em igualdade de condições.

A diversidade de utilização de instrumentos de avaliação sempre deverá facilitar a manifestação de conhecimentos para todos os alunos homogeneamente, e não privilegiadamente na individualidade.

6.3
Em avaliação, instrumentos também são importantes meios didático-pedagógicos para facilitar a aprendizagem

A avaliação processual se caracteriza de modo especial pela observação, pela percepção e pelo sentimento de responsabilidade incessante para com o desenvolvimento espiritual e a qualificação profissional do aluno, ao longo de todo o seu percurso de aprendizagem.

No entanto, o educador também pode se valer de instrumentos didático-pedagógicos que o auxiliem na facilitação e na melhoria da aprendizagem do aluno, ainda que não de forma processual ou ininterrupta, uma vez que tais instrumentos não ocorrem nem devem acontecer de forma abusiva.

Mesmo que a estrutura dos instrumentos de avaliação demonstre características de predominância técnica, não os exime de cumprimento de alguma função igualmente didático-pedagógica.

Esse fator didático-pedagógico é explicado em função de melhoria da aprendizagem que instrumentos de avaliação igualmente podem favorecer.

O emprego de instrumentos de avaliação deve ocorrer de forma equilibrada e comedida, na medida certa. Infelizmente, ainda acontecem fatos cá e lá que desabonam a sua utilização, em que docentes se valem dos mesmos para camuflar uma aula mal preparada.

Por isso mesmo, instrumentos de ensino-aprendizagem cumprem mais função de reforço para favorecer a aprendizagem e identificar o nível de desempenho do aluno do que como "carro-chefe" na implementação de uma aula.

Existem variados tipos de instrumentos; no entanto, nem todos conseguem favorecer a aprendizagem da mesma forma aos diferentes alunos. Por isso, ainda que, por um lado, a utilização de diferentes tipos de instrumentos em um mesmo processo de avaliação exija do professor redobrado esforço acadêmico, por outro lado, a sua eficiência e eficácia se concretizam no atendimento às exigências e às características de compreensão e de expressão individuais de cada aluno. Só por isso, já terá valido a pena esse acréscimo de esforço docente.

Entre outros tantos instrumentos de favorecimento da aprendizagem, podem ser apontados os seguintes (Both, 2008, p. 74-77):

- **prova objetiva** – série de questões diretas, para respostas curtas, com apenas uma solução possível entre várias alternativas;
- **prova dissertativa** – série de questões que exijam capacidade de estabelecer relações, resumir, analisar, julgar;
- **seminário** – exposição oral de tema previamente conhecido, utilizando a fala e materiais de apoio adequados ao assunto;
- **trabalho em grupo** – atividades de natureza diversa (por escrito, oral, gráfica, corporal) realizadas em grupo(s);
- **debate** – debate em que os alunos expõem seus pontos de vista a respeito de assunto normalmente polêmico;
- **relatório individual** – relatório elaborado depois de atividades práticas ou projetos temáticos implementados;

- **autoavaliação** – análise oral ou por escrito, em formato livre, que o aluno faz do próprio processo de aprendizagem;
- **observação** – análise do desempenho do aluno em fatos do cotidiano escolar ou em situações planejadas;
- **conselho de classe ou pedagógico** – reunião liderada pela equipe pedagógica da instituição para análise de grupo(s) de alunos sobre o seu desempenho escolar.

Cabe ao professor a iniciativa de selecionar, com a participação dos seus discípulos, os instrumentos de trabalho e de avaliação mais compatíveis com a capacidade de expressão de cada aluno. Esse é um trabalho acadêmico ao qual poucos docentes procuram prestar atenção, não por insuficiência de vontade, mas por falta de experiência e costume pedagógico com relação a esse pormenor.

A mediação da aprendizagem por instrumentos de avaliação, quando bem organizada e implementada, pode surtir progressos acentuados no rendimento escolar dos alunos. Basta que cada um dos instrumentos seja utilizado para atender às características de aprendizagem próprias de cada aluno.

Em outras palavras, não convém utilizar os mesmos instrumentos de avaliação de forma indiscriminada ao mesmo tempo para todos os alunos.

Sabemos, por exemplo, que há alunos que se expressam com maior facilidade por meio de uma prova objetiva. Mas outros, que desenvolveram mais a habilidade da escrita, em princípio demonstram maiores sucessos no desenvolvimento de uma prova pela via dissertativa.

Atender às habilidades específicas de cada aluno em se expressar por meio de avaliações com o emprego de instrumentos diversos exige do docente esforço bastante grande, no entanto, se tal realidade possibilita vantagens para os educandos, então, o empenho redobrado do professor terá sido compensador.

No entanto, nunca é demais repetir: observar, perceber, sentir e acompanhar o desempenho do aluno processual e incessantemente compõem formas avaliativas insubstituíveis diretas e bem próximas de visualizar o progresso escolar do aluno. Tal postura, ainda que trabalhosa, sugere sempre grande legitimidade pedagógica no atendimento ao escolar.

O emprego de variados tipos de instrumentos de avaliação cumpre função especial de provocar os alunos a manifestarem o seu desempenho, a sua aprendizagem da forma que mais lhes facilita a demonstração de progressos escolares, segundo a característica de expressão de cada um.

Instrumentos de avaliação, ainda que de grande valia para a manifestação democrática dos alunos, não podem ser utilizados indiscriminadamente, a ponto de prejudicarem o normal desenvolvimento das aulas.

Por isso, a intercalação de instrumentos no desenvolvimento dos conteúdos sugere muita ponderação, equilíbrio e responsabilidade pedagógica do professor. O emprego de instrumentos didático-pedagógicos (seminários, debates, estudos em grupo e outros mais) não pode se tornar um "quebra-galho", com o propósito de "salvar" uma aula mal preparada.

Enfim, sabemos que toda a iniciativa escolar que favoreça a aprendizagem do aluno é sempre bem acolhida. No entanto, a avaliação, como meio de maior alcance pedagógico de apoio à aprendizagem, sempre deve estar preferencialmente à frente de todas as iniciativas de apoio escolar que visem o bom desempenho do aluno.

Instrumentos e outras iniciativas didático-pedagógicas continuam sendo bem acolhidos em função da melhoria da aprendizagem, mas como meios de apoio.

Para relembrarmos...

Falar a respeito de ação avaliativa é indispensável não apenas no meio educacional, como também no meio social. No entanto, saber utilizar a avaliação em função de uma boa aprendizagem é perspectivar um bem ainda maior: a melhoria consequente de desempenho por parte do aprendiz.

Os docentes têm em comum a convicção de ser a ação avaliativa um componente muito querido em suas ações facilitadoras de aprendizagem. O que, talvez, esteja emperrando um tanto o necessário intercâmbio entre ensino, aprendizagem e avaliação seja o receio de colocar em prática a indispensável autonomia criativa consequente em toda ação docente.

Facilitar a aprendizagem e avaliar o desempenho são ações perenemente inerentes à função docente. Resta saber se a ideia de prática docente continua apenas latente ou ostensivamente criativa no âmago docente.

Essa dúvida benigna sobre a percepção quando a prática docente é vocacionada ou não persiste em não ser respondida de maneira satisfatória, o que causa dificuldades em se saber se a precariedade na aprendizagem, por exemplo, é decorrência mais de insuficiente vontade de praticar a docência, de parca formação docente ou de ambas, simultaneamente.

É possível perceber se o docente está timbrado da vocação para o desempenho da docência ou não com base nos seguintes apontamentos:

- ~ o professor vocacionado para a docência demonstra crescente desempenho e alegria docente;
- ~ o professor vocacionado para a docência não deixa perdurar por longo tempo demonstração de desânimo ante dificuldades docentes;

- o professor vocacionado persiste em regular formação e capacitação pessoal;
- de outra parte, o professor não vocacionado para a docência não consegue "enganar" os seus alunos com demonstrações de bom desempenho regularmente, nem apresentar-se na docência com sincera satisfação muito duradoura.

Na função docente, como em outras atividades funcionais ou não, o ser humano é observado e avaliado permanentemente, o que não lhe permite demonstrar por longo lapso de tempo virtudes de que não é portador. No entanto, na sinceridade e na transparência de conduta a pessoa não deixa dúvidas de suas potencialidades latentes e externadas.

Atividades de autoavaliação

Quando desenvolvemos as atividades anteriores (1 e 2), tivemos a convicção de que essa iniciativa foi de grande proveito para recordarmos e aprofundarmos mais e mais os principais temas que correspondem àquela parte do texto.

Por isso mesmo, renovo-lhe o convite para igualmente desenvolvermos as atividades a seguir, com o propósito de alcançarmos o mesmo sucesso de aprendizagem como o obtido na implementação das atividades anteriores.

3. É fundamental ao professor ter clara concepção de avaliação para facilitar a aprendizagem do aluno. Assinale, a seguir, a alternativa **correta**.

   a) Avaliar é ajudar o aluno a perceber que a aprendizagem é condição *sine qua non* para a sua realização pessoal e profissional.

b) Avaliar desfavorece o aluno a desenvolver espírito científico, com vistas a perceber com conhecimento de causa os conteúdos que compõem a aprendizagem.

c) Avaliar é esquecer a quantas anda o desempenho do aluno na assimilação de aprendizagem consequente.

d) Avaliar deve ser iniciativa para aprovar ou reprovar o aluno nos diferentes níveis escolares.

4. Para avaliar, não é necessário a utilização de muitos instrumentos, mas daqueles que, de fato, favorecem a aprendizagem dos alunos. Sobre tais instrumentos, marque (F) para os itens falsos e (V) para os verdadeiros:

( ) prova objetiva: série de questões diretas, para respostas curtas, com apenas uma solução possível entre várias alternativas;

( ) prova dissertativa: série de questões que exijam capacidade de estabelecer relações, resumir, analisar, julgar;

( ) seminário: exposição escrita de tema desconhecido, utilizando a mímica e materiais de apoio adequados ao assunto;

( ) debate: em que os alunos expõem seus pontos de vista a respeito de assunto normalmente polêmico.

Assinale, a seguir, a alternativa que apresenta a **ordem correta** das afirmativas.

a) V, V, F, V.
b) V, F, V, V.
c) F, F, V, V.
d) F, V, F, V.

Em síntese

Este é um dos trabalhos a respeito de processo de aprendizagem e avaliação que mais empenho exigiu de seu autor, mas que, igualmente, mais satisfações acadêmicas possibilitou.

A explicação para tal clarividência e satisfação na composição desse trabalho encontrou imediata e fácil fundamentação justamente nas palavras que compõem o "coração" deste texto: *aprendizagem* e *avaliação*. Os itens centrais e seus desdobramentos, que formam a estrutura desta composição, são decorrência lógica dessas duas expressões.

São estes os itens que dão especial centralidade e sustentação ao texto:

- ensino da modalidade presencial e ensino da modalidade a distância;
- avaliação formativa e avaliação somativa.

Os ensinos presencial e a distância não são apresentados na linha de disputa preferencial entre si – ainda que os avanços de qualidade estejam se manifestando com grau, mesmo que moderado, a favor do ensino a distância –, mas como processos educacionais complementares, em que o primeiro se encontra há mais tempo consolidado em solo brasileiro, enquanto que o segundo manifesta célere possibilidade de abrangência em todo o território nacional.

Em termos de metodologia de implementação, também há diferenças entre as metodologias, pois, na medida em que o ensino presencial possibilita a relação interativa e cooperativa direta entre professor e aluno, essa relação entre mestre e discípulo no ensino a distância ocorre sob o binômio de mediação direta-indireta, mas não necessariamente menos interativa que na mediação em que o emprego de tecnologia pode, em inúmeros casos, fazer diferença maior a favor dessa modalidade de ensino

As avaliações formativa e somativa compõem colunas-mestras num processo educacional em que seu objetivo maior é favorecer aprendizagem universal e consequente a todos quantos dela quiserem usufruir.

Na medida em que a primeira transcorre de forma permanente todo o processo de aprendizagem do ser humano ao longo de toda a sua existência, a segunda, complementar àquela, ocorre de maneira pontual, sempre que necessário.

Essas duas modalidades avaliativas igualmente sofrem desdobramentos didático-pedagógicos, em que a formativa atua com relevância processual (observação e percepção do desempenho do aluno) e a somativa com predominância técnica (emprego de instrumentos que privilegiem as características de manifestação individual de aprendizagem de cada aluno).

Ambas as modalidades de avaliação possuem dois objetivos:

- genericamente, favorecer a aprendizagem para todas as pessoas;
- individualmente, possibilitar meios pedagógicos que atendam às características de aprendizagem e de manifestação individual de cada aprendiz.

Modalidades de ensino e de avaliação são formuladas e conduzidas a formar um conjunto pedagógico de amplo e profundo equilíbrio no meio escolar e social, o que justifica clara compreensão e aplicação das mesmas para que seus efeitos prosperem perenemente.

parte 2

Avaliação institucional como referência lógica para uma educação a distância de boa qualidade

Introdução

Convido você para falarmos de um tema que está conquistando mais espaço na academia. Primeiramente ele se firmou no ensino presencial, mas agora também já se faz necessariamente atuante no ensino a distância.

A esta altura, você já deve ter percebido que esse tema pode ser o da **avaliação institucional**. Acertou!

É natural que você tenha alguma dúvida com relação a esse assunto, uma vez que a avaliação da aprendizagem sempre foi um debate mais presente nos ambientes escolares.

Mas tenho certeza de que você logo entenderá que os dois temas, **avaliação da aprendizagem** e **avaliação institucional**, são necessariamente intercomplementares. E, para início desse entendimento, possivelmente concordamos com a lógica da seguinte conclusão: a aprendizagem ocorrerá com tanta maior facilidade quanto melhores condições de trabalho tiverem os professores para desenvolverem a sua docência e os alunos a sua aprendizagem.

Teremos um longo caminho pela frente e assim mesmo não conseguiremos esgotar este tema em toda a sua profundidade e extensão. No entanto, devido à sua grande importância acadêmica, faremos todo o possível para que a nossa contribuição possa ser valiosa.

Sabemos que da mesma forma como a avaliação ajuda a favorecer o acesso e a melhoria da aprendizagem, de igual modo a avaliação institucional é uma condição relevante para que o processo educacional seja favorecido nos meios escolares, em especial, e nos meios sociais, genericamente.

De uma ou de outra forma, processos de avaliação institucional sempre existiram de maneira mais ou menos formal ou informal, nos diferentes países, assim como no Brasil. A exigência de sua formalidade ou informalidade sempre esteve na dependência do nível de visão mais ou menos alargada e aprofundada que os dirigentes devotavam à educação como ponto de equilíbrio do desenvolvimento educacional e social em cada nação.

Concordamos que a avaliação institucional constitui componente essencial no esforço de melhoria de aprendizagem e de desempenho institucional. Assim sendo, uma IES terá tanto melhores resultados quanto mais coesa se estabelecer a conjugação de esforços entre o segmento acadêmico e os recursos humanos, físicos e financeiros.

Conhecer a fundo essa realidade institucional, para a tomada de medidas de redimensionamento, é objetivo e função dos inúmeros programas de avaliação institucional existentes país afora.

Essa linha de pensamento de que a avaliação institucional tem imenso papel a cumprir a favor de medidas que possam favorecer a aprendizagem perpassa as modalidades de ensino presencial e a distância. E será na já longa experiência de avaliação institucional iniciada no ensino presencial que buscaremos inspiração para o nosso debate a respeito do seu benefício também no ensino a distância, implantado formalmente há poucos anos em nossa pátria.

Tenho a certeza de que você vai apreciar muito em me acompanhar no estudo deste tema de avaliação institucional, com foco especial no ensino **a distância**. Não será num estudo rápido como este que vamos perceber o seu valor acadêmico em toda a sua extensão, mas, ao menos, teremos a oportunidade de compor uma boa base em termos de legislação, de metodologias de desenvolvimento e de estrutura para a implementação de programa de avaliação institucional.

Não existem significativas diferenças em avaliação institucional na relação da educação presencial e a distância, no entanto, mesmo que pequenas, elas devem ser respeitadas e consideradas. Essas diferenças limitam-se principalmente ao nível de metodologias e de instrumentos de avaliação.

Além do mais, o que talvez mais importa na composição desse texto seja acreditar e levar outros a perceberem que a avaliação institucional, quando bem planejada e implementada, poderá favorecer grandemente as condições de ensino, pesquisa e extensão de uma IES.

Há notícias de que desde o início da história da educação brasileira vem ocorrendo algum tipo de avaliação institucional em IES, públicas e privadas, com relação ao desempenho de cursos e mesmo de órgãos das instituições.

Comparativamente a nações mais desenvolvidas em seus aspectos socioeducacionais, o Brasil se valeu formalmente da avaliação institucional mais precisamente a partir de 1993, por proposta da Associação Nacional dos Dirigentes das Instituições Federais de Ensino Superior (Andifes) ao Ministério da Educação (MEC).

Formalmente, o MEC instituiu, em 1993, o Programa de Avaliação Institucional das Universidades Brasileiras (Paiub), e, posteriormente, em 1996, o Sistema Nacional de Avaliação da Educação Superior (Sinaes).

De lá para cá, a maioria das IESs brasileiras aderiu aos programas oficiais de avaliação, em que bons resultados estão provocando melhorias de qualidade nas instituições.

Agora, mais precisamente com a implementação de cursos de educação a distância, novos investimentos, esforços e experiências estão sendo realizados no sentido de essa modalidade de ensino e as instituições que a desenvolvem terem seu desempenho global avaliado.

Tais resultados favorecem tanto a reorganização da gestão administrativa como da acadêmica, quando for o caso.

capítulo 7

Brasil: da informalidade às primeiras experiências formais em avaliação institucional

Você e eu temos conhecimento de que iniciativas informais e esporádicas cá e lá de avaliação institucional perpassaram desde sempre os meandros acadêmicos das IESs brasileiras. Mas foi em 1993, por proposta da Andifes ao MEC, como já mencionamos anteriormente, que surgiu uma proposta de programa de avaliação, com o propósito de tirar do anonimato e de dar forma às experiências avaliativas na área.

Foi então que surgiu o Paiub, reconhecido, assumido e apoiado pelo MEC. Em parte o Paiub surgiu como resposta às iniciativas de avaliação que já vinham sendo desenvolvidas com relação aos cursos de pós-graduação.

Mesmo que posto pelo MEC à disposição das IESs para desenvolvimento de forma voluntária, o programa logo foi se tornando conhecido e benquisto em âmbito nacional e desenvolvido pela maioria das instituições como um dos fortes aliados para o autoconhecimento de suas potencialidades, de seu desempenho e da qualidade de sua estrutura.

Aos poucos, os resultados do Paiub alcançaram boa credibilidade, a ponto de serem associados a outros processos de avaliação que o MEC já vinha implementando por conta de comissões de especialistas de ensino da Secretaria de Ensino Superior (Sesu).

Essas outras iniciativas de avaliação eram:

~ Exame Nacional de Cursos;
~ Avaliação das Condições de Oferta de Cursos de Graduação.

A par desse esforço de avaliação do desempenho e das condições de ensino das IESs, o MEC igualmente deu novo impulso à reorganização do Sinaes, com força do Decreto nº 2.026, de 10 de outubro de 1996.

Entendo que você pensa, como eu, que temos de reconhecer que a proposta de avaliação institucional, agora programa oficial do MEC, nasceu e se criou em bom berço, quando o poder público, representado pelo MEC, e os seus maiores interessados, as IESs souberam atuar de forma bem engajada.

Mas, como era de se esperar, o próprio Paiub teria de sofrer uma avaliação para lhe corrigir possíveis rumos que lhe imprimissem ainda maior capacidade de produção de bons resultados.

Foi então que o MEC instituiu o Sinaes, por meio da Lei nº 10.861, de 14 de abril de 2004, que no art. 1º deixa explícito o seu objetivo de assegurar o processo nacional de avaliação das IES de educação superior e, em consequência, deixá-lo ainda mais produtivo do que vinha sendo até então:

> *Fica instituído o Sistema Nacional de Avaliação da Educação Superior – Sinaes, com o objetivo de assegurar processo nacional de avaliação das instituições de educação superior, dos cursos de graduação e do desempenho acadêmico de seus estudantes, nos termos do art. 9º, VI, VIII e IX, da Lei nº 9.394, de 20 de dezembro de 1996.* (Inep, 2004)

Ainda no mesmo artigo da referida lei, no parágrafo 1º, encontram-se explicitadas as finalidades a que se propõe o Sinaes. São elas:

> *a melhoria da qualidade da educação superior, a orientação da expansão da sua oferta, o aumento permanente da sua eficácia institucional e efetividade acadêmica e social e, especialmente, a promoção do aprofundamento dos compromissos e responsabilidades sociais das instituições de educação superior, por meio da valorização de sua missão pública, da promoção dos valores democráticos, do respeito à diferença e à diversidade, da afirmação da autonomia e da identidade institucional.* (Inep, 2004)

Após analisadas e comparadas entre si, percebemos que as finalidades propostas no Sinaes são ricamente intercomplementares, uma vez que enfatizam mútuo entendimento para que a avaliação no nível institucional consiga colaborar intensamente para que o ambiente acadêmico se mantenha perenemente produtivo.

Agora convido você a me acompanhar na compreensão de cada uma das finalidades individualmente. Isso não quer dizer que, após a análise, tenhamos convicções necessariamente iguais com relação a cada uma delas, mas, com certeza, tal iniciativa nos terá proporcionado uma visão mais aprofundada e alargada a respeito.

As finalidades do Sinaes para a melhoria da educação superior brasileira são:

a) **Orientação da expansão da sua oferta** – sabemos ainda ser muito reduzido o acesso de jovens e adultos ao ensino superior. E para ajudar a mudar essa realidade, apresenta-se, com sempre maior intensidade, a modalidade de ensino a distância para suprir tais carências.

Paralelamente ao aumento dessa demanda, faz-se sempre mais presente a preocupação por parte de autoridades educacionais e de IES, no sentido de o célere aumento de instituições de ensino jamais vir a prejudicar a qualidade da aprendizagem e do desempenho dos alunos.

b) **Aumento permanente da sua eficácia institucional e efetividade acadêmica e social** – o Sinaes, preocupado com adequadas condições de trabalho docente e de aprendizagem dos alunos, fomenta a dinamicidade e o fortalecimento estrutural da educação superior.

Que suas estruturas física, de recursos humanos e de biblioteca deem a necessária sustentação de qualidade para que as funções institucionais de ensino, pesquisa, extensão e de prestação de serviços viabilizem boa aprendizagem e consequente bom desempenho dos alunos.

c) **Promoção do aprofundamento dos compromissos e responsabilidades sociais das instituições de educação superior** – os compromissos inadiáveis da educação superior são os relacionados à excelência de oferta de ensino, pesquisa, extensão e prestação de serviços à sociedade.

No entanto, tais serviços, ainda que paralelamente se voltem também a beneficiar socialmente o meio em que a IES atua, não podem jamais deixar de visar o benefício de ordem acadêmica.

A exigência de responsabilidade social se manifesta sob duas formas pelas IESs: de forma indireta, pelo fato de sua presença na sociedade por meio da educação poder refletir benfeitorias de ordem comunitária e, diretamente, pelos benefícios socioculturais que os bons resultados das funções da IES possam deixar de legado à sociedade circunvizinha.

Outro aspecto de grande relevância fomentado pelo Sinaes, além dos benefícios próprios inerentes às suas finalidades específicas, é o de que "a avaliação das instituições de educação superior tem caráter formativo e visa o aperfeiçoamento dos agentes da comunidade acadêmica e da instituição como um todo" (Inep, 2004, p. 9).

Tanto você quanto eu concordamos com a proposição do Sinaes de que o caráter formativo agregado ao aperfeiçoamento dos agentes acadêmicos, em função da avaliação institucional das IESs, pode estimular e firmar uma gradativa cultura institucional de grande relevância acadêmica.

O caráter formativo da avaliação institucional envolve vários dos aspectos que ajudam a dar impulso no desenvolvimento de uma IES. Entre outros, podemos apontar os seguintes:

- criação e afirmação de uma permanente cultura avaliativa na instituição em todos os seus órgãos e programas acadêmicos;
- sensibilização da comunidade acadêmica, incluindo pessoal docente, técnico e administrativo e discente, bem como os profissionais de todos os escalões de gerenciamento institucional;

- demonstração igualmente à sociedade de que a IES está sincera e firmemente imbuída de utilizar os resultados da avaliação para redimensionar sua política de desenvolvimento, se necessário.

Por sua vez, o caráter de aperfeiçoamento dos agentes acadêmicos igualmente demonstra um ato de acertada coragem acadêmica, uma vez que não bastam ações de sensibilização sem uma consentida compreensão e entendimento do valor acadêmico e social de um programa de avaliação institucional.

O envolvimento dos segmentos acadêmicos em programa de qualificação em avaliação institucional permite antever várias vantagens institucionais:

- universalização de vontade política com relação à necessidade e aos possíveis benefícios institucionais da avaliação;
- grande possibilidade de sintonia no domínio dos objetivos e na análise e interpretação dos resultados de avaliação;
- facilidade de entendimento entre os diversos segmentos da IES na aplicação de medidas a partir dos resultados de avaliação institucional.

Percebemos não ser tão simples, mas de muita importância acadêmica e social o desenvolvimento de ações de sensibilização, de orientação e de qualificação dos segmentos acadêmicos a respeito dos benefícios oriundos da implementação de programa de avaliação institucional.

Além das finalidades específicas que já conhecemos e analisamos, ainda nos cabe listar e analisar alguns objetivos pontuais que nos ajudam a perceber melhor a amplitude de programa de avaliação institucional de ensino na modalidade a distância, que envolve globalmente a gestão central e os Polos de Atendimento Presencial (Paps) com os seus alunos, coordenadores, tutores, infraestrutura e comunidades de abrangência direta e indireta.

Tais objetivos também nos dão a entender que um programa de avaliação institucional é de responsabilidade de toda a comunidade universitária, e não função especialmente legada a uma Comissão Própria de Avaliação (CPA).

Entre esses objetivos que particularmente elegemos e prezamos e que fomentam responsabilidade e adesão de todos os segmentos de IES que desenvolvem ensino a distância, enaltecemos os seguintes:

a) **Conclamar a comunidade acadêmica, a sociedade e os ex-alunos para uma permanente reflexão, autocrítica e participação no desenvolvimento universitário e social** – os alunos e ex-alunos têm muito a dizer a respeito do desempenho de sua instituição.

Para os atuais alunos, está bem presente a percepção do desempenho dos cursos que estão desenvolvendo, a atualidade e a compatibilidade social da grade curricular, o seu envolvimento com a sociedade, o desempenho dos seus professores, a contribuição técnica e tecnológica na facilitação da aprendizagem.

Para os ex-alunos, é importante a sua manifestação a respeito da propriedade acadêmica da instituição que os qualificou, uma vez que sentem no dia a dia de sua atuação profissional o quanto a IES lhes propiciou condições técnicas, científicas e de visão de futuro em função do seu desempenho.

A comunidade, quando inquirida a se manifestar, igualmente tem muito a dizer a respeito da qualidade da IES, no caso o PAP, que se instalou em seu meio.

b) **Dignificar as funções docente, dos coordenadores e dos tutores centrais e locais** – o bom desempenho dos professores da educação a distância é imprescindível para assegurar a boa qualidade da aprendizagem.

É da boa qualidade do desempenho desses profissionais e do preciso apoio dos tutores centrais e locais que a aprendizagem acontece de verdade. Da mesma forma, é do papel intermediador dos coordenadores entre os polos e a gestão central da educação a distância que ocorre a estabilidade gerencial do processo educativo.

c) **Despertar nos professores e alunos uma conscientização dos fatores determinantes para a qualidade e o sucesso do ensino, pesquisa, pós-graduação e extensão** – mesmo que a distância fisicamente dos alunos, torna-se possível ao professor estabelecer boa dose de empatia com eles nos PAPs, com vistas a entenderem que não basta terem bom domínio das funções de ensino, pesquisa, pós-graduação e extensão, mas perceberem que o resultado da interação entre elas é, academicamente, muito importante.

d) **Levar os coordenadores de PAPs e os tutores centrais e locais para que estes percebam a responsabilidade que lhes cabe em propiciar condições para o desenvolvimento do ensino de graduação, pesquisa, pós-graduação e extensão** – é fundamental e até mesmo decisiva a contribuição segura e a interação dos coordenadores de PAPs com os tutores centrais e locais, com o propósito de darem sustentação perene à boa qualidade do ensino que é ofertado aos alunos.

e) **Promover atitude responsável dos alunos no desenvolvimento do ensino-aprendizagem** – gestores institucionais, coordenadores, bem como tutores centrais e locais tem muito a ver com a oferta de boa qualidade de ensino, no entanto, a contribuição dos alunos para esse mesmo fim também é muito importante. Mesmo que aprendizes em seus cursos, já possuem bom discernimento para apontar novos rumos para o dia a dia acadêmico, quando necessário.

f) **Disponibilizar aos professores informações que lhes facilitem o reajuste de conteúdos e de métodos de ensino** – a função docente na modalidade de educação a distância é muito dinâmica em seu método e no emprego de tecnologias inovadoras.

Tanto a metodologia de ensino na modalidade de educação a distância quanto as tecnologias empregadas representam um avanço inovador de aprendizagem que requer dos professores disponibilidade para o novo e investimento em sua permanente atualização profissional.

g) **Incentivar a comunidade universitária para permanentes reflexão e autocrítica em sua participação em nível de instituição** – bom desempenho de uma IES não é conquista privilegiada de professores, de coordenadores, de tutores centrais e locais, mas também, e sempre mais, do engajamento uníssono de toda a comunidade acadêmica, incluídos os alunos.

Sim, cabe aos alunos nobre missão no bom desempenho de uma instituição de ensino superior, por força do estímulo fomentado pelos dirigentes e professores para que se engajem vivamente na edificação da Iinstituição, que também lhes pertence, pelo seu elevado poder de reflexão e autocrítica.

h) **Apontar o nível de qualidade do ensino-aprendizagem** – é este um dos objetivos da maior relevância de programa de avaliação institucional. O bom desempenho docente, ao investir em ensino e na consequente aprendizagem que deverá ocorrer sempre da forma a mais consistente e consequente possível, é dos objetivos principais de todo programa de avaliação institucional.

Na certeza de aprendizagem de reconhecida qualidade, é fato que as demais funções de IES igualmente estão cumprindo o objetivo que delas aguardamos.

i) **Listar os principais agentes de promoção e entrave do desenvolvimento institucional** – um objetivo também focado é o de identificar os fatores que mais e menos contribuem para que a evolução do desenvolvimento institucional possa ocorrer dentro da normalidade da filosofia de promoção da IES.

O acompanhamento regular dos níveis e dos desníveis de evolução permite planejar novas ações de intervenção de crescimento que se fizerem necessárias, bem como possibilita aparar e redimensionar as ações que deixam a desejar em termos de produção.

Os objetivos aqui relacionados e descritos ajudam a nortear as ações que estão inseridas na filosofia de programa de avaliação institucional. Ainda que sejam em número significativo, tais objetivos permitem grande elasticidade de opção para que as ações vislumbradas na modalidade de ensino a distância possam ser implementadas da forma mais adequada possível.

7.1
A avaliação institucional mediada pelas dimensões de avaliação

As dimensões de avaliação são propostas sugeridas pelo MEC, oficializadas por meio da Portaria n° 300/2006, para instruírem os instrumentos de avaliação externa utilizados por comissões de avaliação de IES.

Tais dimensões igualmente servem de parâmetro para a implementação de ações de autoavaliação institucional, em que as IESs, por iniciativa de interesse interno, desenvolvem seus respectivos programas de avaliação institucional.

A metodologia que cada IES utiliza para a implementação de seu programa de avaliação é livre, contanto que não se afaste dos principais indicadores do Sinaes.

Tal iniciativa poderá ter diferentes objetivos, como:

- ~ verificação por segmento ou da globalidade do desempenho das respectivas instituições;
- ~ identificação dos aspectos mais e menos positivos para o regular redimensionamento institucional e mesmo para a antecipação de medidas de saneamento institucional à época de recebimento de visitas de comissões de avaliação externa do MEC.

Você já deve ter percebido que as dimensões de avaliação são excelentes indicadores para qualquer iniciativa de identificação do nível de qualidade do desempenho de uma IES, atue ela somente na modalidade presencial ou na a distância ou na forma mista, ou seja, simultaneamente nas modalidades presencial e a distância.

Temos convicção de que indicadores de avaliação institucional existem muitos e variados, de acordo com a realidade administrativa e acadêmica de cada IES. O que muitas vezes deixa a desejar é o insuficiente entendimento por parte dos responsáveis institucionais a respeito dos seus reais objetivos e – o que é muitas vezes ainda mais deplorável –, a incapacidade do seu emprego para o fim a que foram elaborados e destinados.

São **dez** as dimensões de avaliação, estreitamente intercomplementares e indispensáveis tanto na avaliação do nível de desempenho existente quanto no seu fomento, quando necessário (Inep, 2004):

1. **A missão e o Plano de Desenvolvimento Institucional (PDI)**

   Esse item compõe-se de um tratado amplo tanto em extensão quanto em profundidade, que, genericamente, agasalha as demais dimensões de avaliação.

   Ele compreende a missão da instituição, ou seja, a finalidade para que ela foi criada em seu meio de inserção, de forma estrita, nacionalmente, de forma genérica.

   Por sua vez, o PDI, ou seja, o plano que compreende o universo maior de um planejamento, engloba os principais programas, projetos, atividades e serviços a darem impulso e direcionamento à sua implementação.

   É indispensável que as ações de avaliação institucional se estabeleçam tanto no aperfeiçoamento e no refinamento da essência da missão como da filosofia dos componentes que integram o PDI.

2. **A política de ensino, pesquisa, pós-graduação e extensão**

   Essas variáveis continuam a compor os compromissos de ponta de uma IES, o que é considerado por grande parte dos integrantes de uma academia as funções que orientam seu desempenho de uma IES.

   O desenvolvimento do ensino faz-se necessariamente com pesquisa. Há autores que defendem que não ocorre ensino sem pesquisa. Talvez não precisássemos ser tão enfáticos, mas podemos repetir essa máxima da seguinte forma: Ensino e pesquisa devem "andar" solidariamente juntos sempre. É evidente que o conhecimento é resultado, de alguma forma, de atividade de pesquisa.

   E pesquisar deve ser uma atividade constante de todo professor, individualmente, mas, de preferência, com a participação de alunos. Pesquisar não significa necessariamente visar ao ineditismo.

Pesquisar também subentende dar "roupagem" nova a conteúdos e conhecimentos existentes desde longa data. Pesquisar, com a participação efetiva do aluno, significa perceber de maneiras diversas os significados de conteúdos ou mesmo de saber rever conceitos, mesmo que já estejam firmados na academia desde longa data.

Os significados e os conceitos são imutáveis em sua concepção até que se prove o contrário. A pós-graduação, nesse contexto de pesquisa, encontra a necessária solidariedade acadêmica para se firmar como ensino e capacitação após a graduação, seja ela em nível *lato* ou *stricto sensu*.

É nessa linha de pensamento e de conduta que a avaliação institucional deve orientar as suas intervenções.

3. **A responsabilidade social da instituição**

    Está inerente ao cumprimento das funções de ensino, pesquisa, extensão e pós-graduação o dever pela responsabilidade social da instituição. Não basta simplesmente cumprir tais funções se seus resultados não estiverem também voltados ao benefício da sociedade.

    Concordamos não ser uma obrigação desvairada de uma IES estar preferencialmente voltada para o bem social – pois a aprendizagem cumpre objetivo essencial –, mas não pode, simultaneamente, deixar de cumprir benefícios que favoreçam direta ou indiretamente a sociedade.

4. **A comunicação com a sociedade**

    Entender, participar, interessar-se são verbos que se associam à comunicação entre IES e sociedade. A comunicação com a sociedade é iniciativa bilateral essencial para que se estabeleça a colaboração necessária entre os dois segmentos, com o propósito de fomentar intercâmbio cultural, de aprendizagem, de campo de pesquisa, com benefício mútuo.

Tais iniciativas também possuem outro objetivo não menos importante que os citados até aqui, que é o de se evitar a todo custo o isolamento inevitavelmente prejudicial entre sociedade e IES, sob todos os aspectos. A solidariedade sociocultural entre ambas é condição de desenvolvimento *sine qua non* para esses dois segmentos.

5. **As políticas de pessoal**

O ponto central em qualquer organização social são os seus recursos humanos. Não existe desenvolvimento de ensino, pesquisa, extensão e de pós-graduação que se justifica, que não seja mediado por recursos humanos preparados para tal.

Numa IES, existem três segmentos diversos de recursos humanos, interativa e solidariamente complementares: pessoal docente, pessoal administrativo e pessoal técnico.

A formação equilibrada e solidária de todos é questão de honra. Um corpo docente, por exemplo, não se basta por si só por demonstrar qualificação de alto nível, se o pessoal técnico e administrativo não lhe conseguir prestar o devido respaldo técnico, tecnológico e de condições essenciais de trabalho.

É função da avaliação institucional verificar a necessária capacidade e a atuação interativa dos três segmentos de recursos humanos que prestam serviços à Instituição, para que medidas de readequação sejam tomadas, sendo esse o caso.

6. **Organização e gestão da instituição**

   Você e eu já percebemos, de maneira cabal, que as dez dimensões de avaliação somente se concretizam a contento, na medida em que atuarem de forma integrada e solidária. Por conta disso, até chegamos a julgar, por vezes, ser cada uma das dimensões a mais importante entre todas.

   Esse sentimento confirma a propriedade e o valor de autossustentação que cada uma ostenta no próprio conjunto. Da mesma forma como as demais, tanto a organização quanto a gestão institucional são componentes fundamentais na proposição e na implementação de políticas, programas, projetos e atividades institucionais.

   É da competência, capacidade e habilidade dessas funções que depende em grande parte o sucesso de desenvolvimento de uma IES. Cabe novamente aqui a intermediação verificadora da avaliação institucional, para a averiguação do nível de consequências demonstradas pelas ações organizativas e de gestão previstas e implementadas em função da IES.

7. **Infraestrutura física**

   Nós já conversamos sobre o fato de a infraestrutura física ser um fator muito importante para o bom desempenho de uma indústria, residência, clube esportivo e, aqui no caso, de uma IES.

   Essa é uma evidência que não deixa dúvidas. Não que em uma IES com excelentes recursos humanos parte das deficiências, por exemplo, não possam ser supridas.

   No entanto, uma boa harmonia de qualidade em todos os segmentos que compõem uma IES, isso, sim, ajuda a fazer grande diferença positiva. Podemos, com base nessa premissa, afirmar que o conteúdo é tanto melhor quanto mais consistente for o contingente que lhe dá suporte, que lhe dá guarida.

A presença de ações de avaliação institucional poderá revelar se o item infraestrutura compõe com os demais segmentos de uma IES a boa qualidade requerida.

8. **Planejamento e avaliação**

   Trata-se de um item com dois componentes intimamente intercomplementares. Tanto planejamento quanto avaliação são presenças permanentes em qualquer atitude e decisão humana.

   Planejar significa prever recursos e atitudes. É necessário primeiramente prever o que fazer, como fazer e com que recursos. Somente esses fatos já revelam nível de decisão de grande monta. Após efetuado o planejamento e concretizada a obra, é hora de vistoriar se aquilo que foi planejado foi bem executado.

   É hora de avaliar. E a avaliação cumpre função de identificar o nível de qualidade do realizado, revelando os itens que correspondem ao previsto no planejamento e aqueles que necessitam de realinhamento e de correção de rumo.

   Como os demais itens das dimensões de avaliação, também este dá a entender ser o mais importe entre todos. Planejar e avaliar o que foi previsto e executado aparentemente dá a entender uma "sinfonia" completa no universo de desenvolvimento de uma IES.

   Mas, novamente, cabe à iniciativa de ações de avaliação institucional apontar em que nível a quantidade e a qualidade dos resultados de um planejamento favorecem a IES.

9. **Políticas de atendimento aos estudantes**

   Entendemos e acreditamos que se os recursos humanos de uma IES – pessoal docente, pessoal administrativo e pessoal técnico – são os agentes que dão o suporte de quantidade e de qualidade exigido, os estudantes são a razão de ser dessa IES.

As políticas traçadas e cumpridas a favor do estudante, na verdade, envolvem o planejamento de todo o complexo de uma instituição de ensino superior.

Os principais itens de tal planejamento requerem infraestrutura física suficiente e adequada, recursos humanos qualificados e suficientes, biblioteca com recursos bibliográficos e técnicos suficientes e adequados, projetos pedagógicos dos cursos consistentes e correspondentes à realidade sociocultural local, regional, estadual, nacional e internacional.

Além do mais, não basta ofertar concomitantemente as modalidades de ensino presencial e a distância. Sendo esse o caso, o seu cumprimento legítimo é preciso, respeitadas as metodologias próprias para a sua implementação, bem como observadas as normas propostas e dispostas pelo MEC, para fins de sua plena consecução.

Nesse caso, como com relação às dimensões anteriores, cabe à IES valer-se desse programa tão relevante e credível, que é o da avaliação institucional.

10. Sustentabilidade financeira

Esse item vem bem a propósito colocado no lugar derradeiro das demais dimensões de avaliação, pois, ainda que não seja necessariamente o mais importante dentre as demais dimensões, sem a sua impostação, os objetivos dos itens antecedentes vão, paulatinamente, fraquejando.

Sabemos que a educação é um bem público, ofertada por IESs sob dependência administrativa federal, estadual e municipal.

No entanto, essa educação igualmente é livre à iniciativa das IESs privadas.

As IESs sob as dependências administrativas federal, estadual e municipal, ainda que públicas, são parcialmente gratuitas, uma vez que são sustentadas com os impostos da população brasileira.

Por sua vez, as IESs privadas encontram-se financeiramente na dependência de sua população discente. No entanto, é exigência do MEC que tanto as IESs públicas quanto as privadas zelem de igual modo por oferta de educação de reconhecida excelência.

Neste item, você bem me relembrou que cabe à intervenção de programa de avaliação institucional das respectivas IESs identificar o nível de qualidade dos resultados alcançados pelas ações previamente planejadas e igualmente apontar as ações, ainda que previstas, foram desenvolvidas parcialmente e as que deixaram de ser cumpridas.

Analisamos e debatemos criteriosamente a respeito das dimensões de avaliação no contexto de avaliação institucional de uma IES. Julgo ter sido essa uma oportunidade acadêmica muito esclarecedora, tendo em vista a real convicção que construímos na direção de caminhos que podem levar ao bom nível de desempenho das instituições de ensino superior, sejam elas de dependência administrativa pública ou privada.

Porém, nossa contribuição com relação ao presente texto ainda está longe de se esgotar. Por isso, renovo-lhe o convite para, juntos, desenvolvermos outro item de grande importância circunstancial sobre avaliação institucional no contexto de educação a distância.

Mas, antes disso, vamos recapitular o estudo que desenvolvemos até aqui, realizando uma síntese dos seus principais conteúdos?

Para relembrarmos...

Entendemos que, ao longo da história da educação brasileira, surgiram, cá e lá, esporádicas iniciativas de avaliação interna de cursos e mesmo de órgãos por diversas instituições de ensino superior.

No entanto, a sua formalização e efetivação a nível nacional ocorreu há pouco tempo, mais precisamente quando foi instituído o Paiub, em 1993, e o Sinaes, em 1996.

Também estudamos a fundo as dez dimensões de avaliação, propostas pelo MEC, que apontam as principais iniciativas de gestão administrativa e acadêmica necessárias ao desenvolvimento harmonioso e consequente de instituição de ensino superior, seja ela de dependência administrativa pública ou privada.

Relembrando, verificamos que as dimensões de avaliação compreendem: 1. missão e PDI; 2. política de ensino, pesquisa, pós-graduação e extensão; 3. responsabilidade social; 4. comunicação com a sociedade; 5. políticas de pessoal; 6. organização e gestão; 7. infraestrutura física; 8. planejamento e avaliação; 9. política de atendimento aos estudantes; 10. sustentabilidade financeira.

Foi proveitosa a nossa análise, pois procuramos entender e nos aprofundar nas possibilidades favoráveis de cada uma das dimensões em função de desenvolvimento com boa qualidade de instituição de ensino superior.

No entanto, para um aprofundamento ainda mais consistente sobre os estudos que realizamos até este momento, vamos cumprir algumas atividades, a seguir.

Atividades de autoavaliação

1. Assinale, a seguir, a alternativa correta.

    São objetivos de programa de avaliação institucional:

    a) Conclamar a comunidade acadêmica, sociedade e ex-alunos para uma permanente reflexão, autocrítica e participação no desenvolvimento universitário e social.

    b) Entender como irrelevantes as funções docente, dos coordenadores e dos tutores centrais e locais.

    c) Despertar nos professores e alunos uma conscientização dos fatores determinantes para a qualidade e o sucesso do ensino, pesquisa, pós-graduação e extensão.

    d) Conscientizar os coordenadores de PAPs e os tutores centrais e locais da responsabilidade que lhes cabe de propiciar condições para o desenvolvimento do ensino de graduação, pesquisa, pós-graduação e extensão.

2. Sobre algumas das dimensões de avaliação institucional, complete as lacunas com os seguintes termos: *pós-graduação; tratado; pesquisa; extensão; social*:

A missão e o PDI compõem um _____ amplo tanto em extensão quanto em profundidade, que, genericamente, agasalha as demais dimensões de avaliação; a política de ensino, _____, pós-graduação e _____ continuam a compor os compromissos de ponta de uma IES; a responsabilidade _____ da instituição: é inerente ao cumprimento das funções de ensino, pesquisa, extensão e _____.

Assinale, a seguir, a alternativa que compreende a ordem correta das palavras que preenchem as lacunas nas frases acima.

a) tratado; social; pós-graduação; pesquisa; extensão.
b) tratado; pesquisa; extensão; social; pós-graduação.
c) pós-graduação; tratado; extensão; pesquisa; social.
d) pesquisa; extensão; social; tratado; pós-graduação.

capítulo 8

Circunscrição da dinâmica filosófica e objetiva da avaliação institucional

Neste capítulo, vamos debater a respeito da dinâmica da avaliação institucional, com equivalência de objetivo seja no ensino presencial ou no ensino a distância. A sua metodologia de implementação igualmente muda muito pouco ou em quase nada a relação das duas modalidades de ensino, o que vale dizer que essa pequena diferença nem necessita ser explicitada formalmente.

A diversidade na aplicação dos instrumentos de avaliação institucional entre ensino presencial e a distância se resume em pequenos detalhes técnicos, apenas.

O que não muda, nem por detalhes, com relação às duas modalidades de ensino, quando se trata da implementação de programa de avaliação institucional, são a filosofia e o objetivo central.

É filosofia irrecusável de toda a IES que um programa de avaliação institucional seja adotado necessariamente, como questão de honra acadêmica.

O objetivo central que decorre dessa decisão é que tal programa seja o carro-chefe no apontamento da realidade quantitativa e qualitativa que se estabeleceu na IES, tendo em vista tomada de medidas de redimensionamento dessa realidade, sempre que necessária.

O cerne do objetivo que se estabelece na IES pela avaliação institucional é implementado com base em dois parâmetros complementares em sua forma, mas diversos na abrangência:

- **Dimensões de avaliação**, já analisadas e descritas, discriminam o trabalho de avaliação institucional de forma ampla, abrangente e razoavelmente completa;
- **Aspectos pontuais de avaliação**, que levam em conta componentes do dia a dia de uma IES. Entre eles, podemos apontar: permanente empenho de identificação do nível de desempenho do ensino de graduação, pesquisa, pós-graduação, extensão, serviços administrativos e condições da infraestrutura física.

São esses aspectos pontuais que defrontam a IES incessantemente com a sua realidade de desempenho. Nenhum desses aspectos pode ser postergado em sua forma e qualidade para amanhã, sob pena de se perder visão de conjunto e de continuidade do processo acadêmico.

Ensino de graduação, pesquisa, pós-graduação, extensão, serviços administrativos e condições de infraestrutura formam a base científica e técnica presentes diariamente no desempenho das funções de uma academia. Tais funções constituem o "cardápio" saudável de cada dia, o qual poderá sofrer, de tempos em tempos, alguma mudança e incremento na sua forma, mas não na sua essência fomentadora e facilitadora de aprendizagem da população estudantil.

É com base na realidade acadêmica que se viabiliza com essa dinâmica movediça que o programa de avaliação institucional cumpre objetivo de incessante percepção, observação e de intervenção sugestiva para a tomada de decisões pontuais, mas absolutamente indispensáveis, no sentido de não ser perdido o "bonde" que diariamente faz "o vai e vem" da construção da história do processo acadêmico de uma IES.

Assim, a ação de avaliar tanto no ensino e na aprendizagem como na avaliação institucional sugere tomada de decisão a partir dos resultados demonstrados. Essa mesma ação de avaliar igualmente sugere tomada de consciência, de forma crítica e questionadora, da relevância do fazer e do pensar institucional.

Com os resultados de avaliação à disposição, nada é mais importante que providenciar medidas acadêmicas realmente corretivas, sob pena de se cair em fracasso acadêmico, tanto na forma científica, técnica e administrativa.

Você e eu temos real consciência de que tão importante quanto é a iniciativa de avaliar, também é a de tomar as necessárias medidas de correção de rumos, todas as vezes em que for preciso.

Uma questão de grande relevância acadêmica é a de que todo programa de avaliação institucional, refira-se ele ao ensino presencial ou ao a distância, deve ser implementado sem medo, receios, desconfianças, mas com otimismo.

Vacilar na sua aplicação representa fracasso acadêmico não fácil de ser recuperado. Sabemos que um processo avaliativo de âmbito institucional envolve órgãos, programas e pessoas. Por isso mesmo, ocorrem de vez em quando alguns melindres, motivados, muitas vezes, por dois motivos:

~ insuficiente conscientização dos partícipes de que avaliar a qualidade de desempenho é sempre decisão necessária e providencial;
~ desconfiança de que, com os resultados à disposição, a IES deixe tudo como está, sem tomar as medidas de correção necessárias.

Sabendo da grande importância da avaliação na facilitação da aprendizagem, você e eu já temos suficiente consciência de que a avaliação institucional jamais sugere premiação, nem punição, mas que também não representa absoluta neutralidade.

Ser competente, capaz e hábil é dever acadêmico de todo estudante, assim como do pessoal administrativo e técnico. Dessa forma, não cabe premiação ou punição, mas sim reconhecimento.

O posicionamento de neutralidade absoluto diante dos resultados de avaliação igualmente não é fomentado, uma vez que medidas corretivas devem ser tomadas, sempre. E uma administração acadêmica pode demonstrar alguma fraqueza administrativa pública, justamente quando a inadequação e/ou a insuficiência de tomadas de decisões não provoca os resultados aguardados.

A credibilidade, a exequibilidade e a consequência lógica de um programa de avaliação institucional é fator preponderante em uma IES. Sem esses ingredientes será bastante difícil levar a bom termo um programa desse porte.

Ser credível, exequível e consequente é a lógica mais aguardada de um programa de avaliação. É essa a porta de entrada para o sucesso de uma avaliação institucional. Falhar na organização e na implementação de programa dessa monta pode significar desperdício de talentos, de recursos de toda ordem e de decadência acadêmica de uma IES, o que seria desastroso para a comunidade interna e a realidade social de sua circunscrição.

Por conta de toda essa adjetivação positiva que referenciamos é que podemos considerar o processo de avaliação institucional sinceramente indispensável à vida universitária. Ele serve para nortear toda a formatação e o reordenamento, quando variáveis sinalizam nessa direção, gerencial, acadêmico, de recursos de toda ordem, de logística e de infraestrutura.

Penso que você concorda comigo que um programa de avaliação institucional, para obter sucesso, deve prescindir de:

- qualquer forma de corporativismo;
- ocultação da mediocridade.

Tanto o corporativismo desvairado como a ocultação de verdades positivas ou negativas reveladas por medida avaliativa podem ser indicativos de mediocridade gestora, o que não coaduna com a filosofia, a finalidade e os objetivos acadêmicos de uma IES.

Acreditamos que um permanente fortalecimento e uma perene atualização de programa de avaliação institucional sugerem autonomia de gestão, a qual pressupõe sustentação de boa qualidade e que a sustentação de boa qualidade, por sua vez, é condição universitária.

Além de institucional para a academia, todo processo avaliativo possui reflexos igualmente sociais e públicos, não constituindo fato isolado de IESs. Seja de forma mais ou menos positiva, um programa de avaliação irradia reflexos na sociedade em que a IES está inserida. De instituição acadêmica, ela também revela responsabilidade com reflexos sociais.

Um programa de avaliação institucional igualmente se revela sob dois processos amplos, interativos e complementares:

- um, político de orientação para a tomada de decisão pedagógica, científica e tecnológica;
- outro, com dimensão de autoavaliação.

Como fato político, um programa de avaliação pode representar a elevação da IES a um patamar de alta credibilidade social e interna. Para si mesma, tal programa significa a imprescindível autoavaliação de que ela deve se valer sempre.

8.1
Perspectiva lógica de avaliação institucional em educação a distância

Alegra-me muito o fato de debatermos juntos um tema tão promissor e de grande contribuição para as modalidades de ensino, seja presencial ou a distância, como é o caso presente.

Aliás, a educação a distância vem se firmando a cada dia mais como uma modalidade de favorecimento da aprendizagem a um número sempre maior de pessoas que, por motivos de distância, de finanças e outros mais não teriam oportunidade real de acesso ao ensino superior.

É justamente a avaliação institucional que acompanha todo esse processo de aprendizagem dessas pessoas em lugares tão distantes e distintos.

Por isso, hoje não mais se discute se a avaliação institucional deve ser ou não ser realizada. Ela já se firmou necessariamente como programa indispensável em todo o país, onde quer que estejam sendo implementadas ações de aprendizagem. Aqui no caso, o foco volta-se para instituições de ensino superior.

Discute-se, hoje, a filosofia, as finalidades, os objetivos, a metodologia e a abrangência institucional da avaliação, uma vez que a sua importância como programa permanente de identificação e de fomento de boa qualidade acadêmica extrapola os próprios limites de uma instituição de ensino superior, irradiando benefícios socioculturais à sociedade de sua circunvizinhança.

Não podemos fugir à avaliação como se fosse mais uma iniciativa intrusa de pouca valia institucional, mas encará-la com competência acadêmica, seriedade permanente, rigor incondicional e paciência de educadores.

Sabemos não ser a avaliação institucional uma questão simples demais, pois trata-se de programa que ajuda a fazer a diferença de qualidade numa IES, nem tão singular, uma vez que os seus limites não se fixam somente aos muros institucionais. Mas é ela tão plural a ponto de interagir e dialogar com todos os interesses arraigados intramuros e diversa o suficiente de modo a obter resultados positivos em qualquer circunstância política e ideológica estabelecida numa academia.

A realidade visada pela avaliação é dinâmica, contraditória e multifacetada culturalmente. No entanto, tal realidade não assusta, uma vez que a diversidade de relações, quando bem entendida, valoriza e enriquece muito a *performance* de um programa de avaliação institucional.

Não existe um modelo de programa único para todas as IES, uma vez que cada uma o formata de acordo com o seu tamanho e sua realidade acadêmica. Além do mais, um programa, seja qual for o porte da instituição, segue necessariamente orientações internas próprias, como as emanadas do MEC.

Seja como for, constitui um programa de avaliação institucional o "porta-voz" mais fiel e fidedigno do desempenho de uma IES, cujas diversidades cultural, ideológica e de penetração social a definem como vanguarda da culturalidade local e regional.

Ainda como um dos principais programas de redimensionamento institucional, a avaliação igualmente revela ser um(a) imprescindível:

- **Processo contínuo de aperfeiçoamento do desempenho acadêmico**

    Os resultados de programa de avaliação institucional revelam informações de todos os quadrantes de uma IES, desde a administração de alto escalão, passando por recursos de apoio, financeiro, logística, tecnologia, pessoal docente, de coordenação de polo, discente, de tutoria central e local.

    Tais informações permitem a criação e a implementação de eventos de permanente formação dos recursos humanos, tendo em vista atender a dois objetivos: valorizar o bom desempenho, em primeiro lugar, para, em seguida, tomar medidas técnicas e pedagógicas de reativação e de redirecionamento de ações que não estejam demonstrando resultado aguardado.

- **Ferramenta para o planejamento e gestão universitária**

    Tanto para a administração quanto para a coordenação de polo, o programa de avaliação institucional constitui uma das principais ferramentas para a identificação da realidade qualitativa de desempenho, especialmente pela visão de conjunto que tal programa propicia da Instituição.

    Isso porque existem outras formas de localização pontual de avaliação, que igualmente são representativas para a percepção da qualidade de desempenho, mas sem a necessária correlação com os demais órgãos da IES.

Assim como nos ensinos presencial e no a distância a avaliação é a melhor ferramenta para o incentivo e a facilitação da aprendizagem, da mesma forma a avaliação institucional se presta como ferramenta imprescindível e insubstituível para a identificação de desvios de conduta institucional e para o consequente apontamento de alternativas de solução a serem implementadas.

Processo sistemático de prestação de contas à sociedade
Credibilidade é uma das aspirações de toda IES, seja ela de administração pública ou privada. A credibilidade interna e externa de uma IES é objetivo perseguido por todas elas.

Algumas IESs a conquistam de forma mais intensa e rápida, outras de maneira menos intensa e em longo prazo. No entanto, não basta conquistar a credibilidade pública de boa qualidade institucional, se ela não se torna possível de ser sustentada com perenidade.

Muitas vezes a diferença de intensidade e de rapidez na conquista da credibilidade pública de uma IES para a outra tem muito a ver com qualificação e qualidade de desempenho dos recursos humanos, com a quantidade e a qualidade da infraestrutura ofertada, com a adequação da logística e da tecnologia existentes e com o nível de compatibilidade e consequência lógica dos projetos pedagógicos dos cursos de educação a distância com as necessidade acadêmicas locais, regionais e nacionais.

Se a credibilidade da IES é um fator importante para a sua afirmação interna e na sociedade como instituição acadêmica de nível superior, não menos importante é a sua visibilidade e transparência de atuação, dando reais demonstrações de prestadora de contas de sua missão e finalidades por meio de implementação de programa de avaliação institucional, e dando a entender, com essa iniciativa, de que coloca às claras para quem quer que seja a sua atuação com qualidade de alto nível, sem desperdícios nem de talentos e nem de recursos financeiros.

- **Agente dignificador das funções de docente, de coordenação de polo e de tutoria central e local de educação a distância**
  Aqui, novamente merece ser referenciado, como já ficou entendido anteriormente, que o fomento do respeito à dignidade humana é fator inadiável numa instituição que tem como objetivo principal zelar para que a educação de boa qualidade aconteça para todas as pessoas.

Foi importante termos abordado e desenvolvido os subitens anteriores que tratam com segurança e com conhecimento de causa a respeito da importância e das consequências lógicas dos resultados de programa de avaliação institucional.

Faço-lhe um convite para desenvolver comigo outro item muito importante no contexto de avaliação institucional.

Sabia que aceitaria o meu convite!

8.2
Como entender e definir uma instituição que avalia a qualidade do seu desempenho?

Uma instituição de ensino superior (IES) tem suas funções de ensino, pesquisa, pós-graduação e extensão questionadas permanentemente. Autores há que questionam a propriedade da palavra *funções*, listada anteriormente, preferindo denominá-las *atividades* ou mesmo *ações*.

No entanto, neste texto entendemos que a denominação *função* dá objetividade clara, certa e direta a uma IES. Por isso, preferimos continuar a utilizar as denominações citadas como suas funções que englobam todas as demais que lhe venham a ser delegas.

O conceito mais apropriado para IES também não se torna uma questão tão fácil assim, principalmente em função das finalidades de grande envergadura que a envolvem. No entanto, por conta da longa experiência vivenciada em ambientes acadêmicos, temos a convicção que alguns conceitos lhe podemos atribuir.

Então, vamos conceituá-la com definições de sentido bastante amplo, do jeito como o seu envolvimento acadêmico também é amplo.

Acreditamos em alguns dos conceitos que legitimam ao mesmo tempo finalidades e objetivos da IES, como os seguintes:

- **Ambiente no qual ocorre a síntese de todas as relações**

  Assim conceituada, a IES é possivelmente a instituição que melhor representa a pluralidade diversa de formas de pensar, de agir, de propor. Ela não se prende jamais na afirmação e na defesa definitiva de uma ou de outra ideia, mas defende ostensivamente a pluralidade de pensamentos e a diversidade de posicionamentos na sua expressão.

  A academia entende que a flexibilidade mental na defesa de uma ideia ou conceito deve ser uma das máximas de uma IES, de vez que uma verdade é definitiva até que se prove o contrário.

- **Ambiente no qual a verdade jamais é definitiva**

  É este um conceito que complementa o anterior, uma vez que aposta na pesquisa que vai na busca incessante não somente do conceito novo, mas do renovado, com outra "roupagem".

Nesse conceito percebemos que toda a aprova deve estar seguida de contraprova. É esse um dos objetivos principais de pesquisa de ordem científica. Está na pesquisa uma das funções principais que uma IES objetiva.

A pesquisa ou investigação é dever de instituições de ensino de todos os níveis escolares (fundamental, médio, superior), genericamente, mas como função *sine qua non*, cabe à instituição de ensino superior.

- **Ambiente no qual a lógica é a da verdade e não a do mercado de trabalho**

É objetivo de toda IES perseguir a verdade, seja onde ela se encontre, com os instrumentos que entender serem os mais apropriados e favoráveis.

A verdade é a lógica de atuação de IES, enquanto o mercado de trabalho lhe serve de apoio na sinalização de necessidades às quais poderá atender.

O mercado de trabalho é indicador de necessidades e de tendências mercadológicas pontuais que se estabelecem no meio social, e cabe à IES ponderar a partir de investigações e observações se já é hora de tais sinalizações merecerem de imediato a sua atenção e intervenção.

- **Instituição que se firma pelo exercício solidário do ensino, pesquisa, pós-graduação e extensão**

Novamente aqui reabrimos o necessário debate a respeito das funções de IES.

A nossa insistência e o nosso interesse permanente em prol dessas funções tem ampla razão de ser na vida acadêmica, pois representam o "coração" perenemente pulsante de uma IES. Elas é que garantem a permanente sobrevida à academia.

No entanto, tais funções também podem ser acometidas, por vezes, de "enfermidades" que lhes enfraquece o poder de reação e de intervenção no conjunto de um processo acadêmico que vinha transcorrendo aparentemente sem graves percalços. E a culpa maior pela presença desses percalços recai de imediato na insuficiente quantidade e qualidade de intervenção dos seus porta-vozes, os recursos humanos, os quais, por sua vez, podem estar sendo vítimas de insuficiente e desqualificada infraestrutura física, financeira, logística e tecnológica.

- **Instituição que não sobrevive isolada, mas em parceria com órgãos públicos, privados e sociedade**
Assim como o conjunto de solidárias decisões humanas pode alavancar a implementação real de boas ideias, igualmente uma IES encontra dificuldades na promoção de iniciativas, quando totalmente alheia de experiências iguais ou similares já vivenciadas por outras IESs.

Uma instituição de ensino superior desponta com tanto maior credibilidade acadêmica na medida em que consegue usufruir e compartilhar experiências bem-sucedidas com órgãos públicos, privados e com a sociedade.

Assim como avaliar, igualmente compartilhar é preciso sempre, sob pena de um valor social tão importante como a IES se tornar irremediavelmente isolada no conjunto nacional das academias.

Um tópico como o que acabamos de analisar, que trata sobre entendimento e definição de uma instituição que avalia a qualidade do seu próprio desempenho, nos valeu alargados e aprofundados conhecimentos. Tivemos a oportunidade de debatermos a respeito de conceitos, finalidades e objetivos que norteiam e apontam direções várias e flexíveis para o desenvolvimento com boa e necessária qualidade de uma instituição de ensino superior.

O convite agora é para nos voltarmos para um debate que visa à qualidade que uma IES procura para si e os seus!

Vamos juntos nessa!

8.3
Que qualidade é esperada de uma IES que avalia e se autoavalia?

Boa qualidade, todas as instituições de ensino superior perseguem incessantemente. Cada IES – a seu modo e com condições de atuação de diversa ordem – toma as medidas e escolhe os caminhos para os quais se encontra melhor preparada para trilhar.

Existem fatores diversos que determinam decisões diferenciadas a serem tomadas por cada IES rumo à boa qualidade organizacional e de desempenho, como com relação:

- à missão, filosofia e finalidades institucionais;
- à equipe gerencial central, coordenadores de polos, tutores centrais e locais;
- às prioridades institucionais enfocadas nos respectivos PDI e nos projetos pedagógicos dos cursos;
- às condições em quantidade e qualidade suficientes de recursos humanos, técnicos, tecnológicos, logísticos, de infraestrutura e financeiros.

Prioritária e generalisticamente falando, toda IES, seja ela de dependência administrativa pública ou privada, tende a revelar boa qualidade quando os seus recursos de toda a ordem são de boa qualidade técnica e/ou científica.

A boa qualidade é expressão de ordem e questão de sobrevivência de toda IES, seja ela de modalidade de ensino presencial, a distância ou de ambas.

O que mais diferencia ambas as modalidades é a metodologia de ensino. Aqui, no caso, é a educação ou o ensino a distância o objetivo principal.

Trata-se de uma modalidade de ensino que sobrevive necessariamente com convicta e consequente qualidade em todos os segmentos, sejam eles de ensino, aprendizagem e avaliação, de tecnologia, de método, de recursos humanos, técnicos e financeiros.

Nessa modalidade – como também não deveria ocorrer no ensino presencial – não existe espaço algum para a improvisação de qualquer espécie. Tal espaço, quando não atendido a contento por uma Instituição, outra o preenche aos poucos.

Também aqui é momento e espaço para o "olho clínico" do programa de avaliação institucional averiguar quais as ações institucionais estão vingando com crescente desempenho e quais deixam a desejar, com vistas a retomadas de rumos gerenciais e acadêmicos.

Percebemos que um programa de avaliação institucional bem formatado sempre tem vez e voz quando se trata de averiguar os rumos que a EaD previu para si previamente, se esses rumos estão sendo acertados e quais decisões de correção de rumos a serem tomadas, quando necessário.

Mesmo que a boa qualidade seja questão de honra e de sobrevivência, ela não é gratuita, mas, possivelmente, custe, ao final, muito menos que a não qualidade.

A boa qualidade está ao alcance de todas as IESs, mesmo que ela não seja de fácil conquista. No entanto, por mais árdua que seja essa conquista de boa qualidade, ela possivelmente não ultrapassará as dificuldades de sua sustentação em patamar elevado de forma perene.

De fato, a sustentação de boa qualidade em bom nível não se torna tarefa fácil em qualquer atividade humana. O mesmo pode ocorrer com a oferta e a implementação de educação a distância no decorrer dos tempos. No entanto, custe o que custar, essa perene tentativa de sustentação de boa qualidade na EaD não pode sucumbir jamais, sob pena institucional de:

- perda de espaço acadêmico para outras IES;
- diminuição de autoestima da comunidade interna e externa;
- perda de credibilidade acadêmica interna e externa;
- dificuldade para a retomada dos rumos perdidos e comprometidos.

A qualidade total não ultrapassa, por vezes, o nível dos sonhos. Mas tentar a sua viabilização é preciso sempre.

Entendemos que qualidade é a transformação da potência em ato. Nesse ponto, recorremos à filosofia, que nos demonstra que a procura por perfeição, ainda que seu alcance nem sempre seja fácil, é esforço incessante de instituição de ensino superior.

Para os filósofos, toda a iniciativa na vida encontra-se em estado de **potência**, em outras palavras, potencialmente a caminho da perfeição, para desembocar em estado de **ato**, que é a própria perfeição.

Isso significa que uma IES encontra-se permanentemente em estado de **potência**, na expectativa de que os resultados da sua organização administrativa e acadêmica se apresentem em estado de **ato**, ao menos em sua grande maioria.

Por isso mesmo é convicção institucional que o resultado em estado de **ato** ao menos da maioria de suas ações previstas e implementados num determinado período de tempo não se conforme com qualidade apenas razoável, mas plena.

Essa linha de pensamento filosófico de expectativa de passagem de todas as ações programadas de **potência** para **ato** nos permite deduzir que a não qualidade é perda de tempo, dinheiro, esperança, paciência. A não qualidade ou mesmo a pouca qualidade dos resultados das ações programadas e implementadas também nos permite dizer que esse tipo de IES não se basta nem a si mesma nem à sociedade que representa.

Institucionalmente falando, a boa qualidade não se basta somente no decorrer do desenvolvimento de processo acadêmico; a expectativa é que ela se sustente plenamente até a consumação do produto final.

Percebemos que o resultado desse item que acabamos de desenvolver está na dependência direta de programa de avaliação institucional, cuja função é mediar o processo de todas as ações de uma IES, para que a sua passagem de **potência** para **ato** redunde em boa qualidade sempre.

8.4
O Sinaes favorece estrutural e academicamente o ensino a distância

Demonstramos grande entusiasmo e convicção acadêmica com o desenvolvimento deste texto que tanto preza a boa educação superior na modalidade presencial, como também, de modo especial, aqui no caso, a educação superior desenvolvida por meio da modalidade a distância.

Não nos custa relembrar que já analisamos e assimilamos que, em 1993, por sugestão da Andifes, o MEC instituiu o Paiub e mais tarde, em 1996, o MEC instituiu o Sinaes, para dar continuidade, com algumas inovações, a esse processo de avaliação.

Na sequência, para que você se familiarize ainda mais com os benefícios da educação ou do ensino a distância – que neste texto possuem significados similares –, vamos relacionar e procurar entender os principais componentes administrativos, de fluxo que ajudam a dinamizar tal ensino.

No entanto, antes de debatermos esses componentes, convém entendermos os objetivos específicos da avaliação institucional nesse contexto.

O seu foco continua sendo a perseguição e a identificação do nível de qualidade presente em cada ação engendrada pelo corpo social de uma IES, composta de recursos humanos com formação acadêmica ampla – genericamente – e aprofundada – na qual as necessidades se manifestam pontualmente – que diligenciam e fomentam o alcance de bons resultados de forma perene tanto pela administração central da instituição quanto pelas coordenações dos polos.

Esses são alguns dos objetivos específicos por meio dos quais um programa de avaliação institucional procura mediar o seu processo de apontamento de resultados mais e menos positivos de IES que implementa ensino na modalidade a distância.

Por favor, acompanhe-me na tarefa de listar os objetivos de avaliação:

- identificar se o projeto pedagógico cumpriu as suas principais finalidades e com que qualidade;
- apontar se o nível de qualidade docente foi adequada e suficiente;
- averiguar se as orientações prestadas pela tutoria central e local foram adequadas e suficientes;
- identificar se a administração central e a coordenação prestaram apoio e condições adequados e suficientes aos PAPs no que tange à infraestrutura, logística, tecnologia;
- identificar se a qualidade do material didático impresso ou de outro meio, enviado aos alunos, favoreceu significativamente a aprendizagem;
- revelar se as orientações do guia didático ou outro nome que o valha foram adequadas e suficientes;

- averiguar se as atividades e as avaliações favoreceram significativamente a aprendizagem;
- certificar-se se a acessibilidade às dependências do polo são favoráveis a todos os alunos.

Ainda outros objetivos poderão se associar aos mencionados, de acordo com a realidade acadêmica de cada IES.

Os programas de avaliação institucional seguirão as orientações de ordem genérica do MEC, bem como as específicas de cada IES, com base na missão, filosofia, finalidades e objetivos de cada uma.

No entanto, o corpo estrutural dos programas de avaliação institucional obedece a uma composição mínima comum:

- recursos humanos, de tecnologia e financeiros;
- infraestrutura física;
- biblioteca com referencial básico e complementar.

Outros componentes complementares, mas importantes, devem integrar programa de avaliação institucional:

- identificação visual;
- laboratório de informática;
- secretaria;
- salas de aula, de estudos, do tutor local, de tutoria, da coordenação de PAP;
- espaço cultural;
- espaço de convivência e lazer;
- cantina, cozinha, lanchonete.

E a gestão de PAPs, a que veio e a que serve no contexto estrutural dos polos? Possivelmente seja ela organismo essencial como ponte segura entre a administração central e as coordenações dos PAPs.

Cabe à gestão de polos, entre outras atividades:

- compatibilizar as orientações advindas do MEC a respeito de organização e funcionalidade objetiva dos PAPs com as orientações formuladas pela respectiva IES;
- intermediar e fazer valer as orientações formuladas a respeito de organização e funcionalidade objetiva dos PAPs;
- acompanhar, avaliar e (re)orientar com regularidade os PAPs para o fiel cumprimento das orientações estabelecidas sobre a sua organização e funcionalidade objetiva.

Entendem as IES que perceberam as funções de gestor dos polos dessa forma ampla que valeu a pena a sua instituição como referência lógica e objetiva de intermediação entre o trio de interesses particulares, mas necessariamente interativos: MEC, IES e PAPs.

Enfim, percebemos em todo esse contexto de nosso estudo, que o então Paiub e o atual Sinaes merecem o nosso louvor, pois conseguiram atrair a simpatia da academia e da sociedade em torno de adequados e consequentes objetivos, para a formal e regular implementação de programas de avaliação do desempenho das nstituições de ensino superior, com vistas a lhes argumentar, justificar e fomentar eventuais correções de rumos acadêmicos.

Vamos agora sintetizar para, ao mesmo tempo, recapitular o estudo que realizamos neste segundo capítulo sobre a circunscrição da dinâmica filosófica e objetiva da avaliação institucional?

Para relembrarmos...

Estudamos e debatemos questões muito importantes sobre avaliação institucional no contexto de educação ou ensino a distância, como:

- que a diversidade na aplicação dos instrumentos de avaliação institucional entre ensino presencial e a distância se resume em pequenos detalhes técnicos, apenas;

- o que não muda, nem por detalhes, com relação às duas modalidades de ensino, quando se trata da implementação de programa de avaliação institucional, são a filosofia e o objetivo central.

Igualmente percebemos que:

- um programa de avaliação institucional constitui-se como o porta-voz mais fiel e fidedigno do desempenho de uma IES, cuja diversidade cultural, ideológica e de penetração social a definem como vanguarda da culturalidade local e regional;
- em 1993, por sugestão da Andifes, o Mec instituiu o Paiub. E mais tarde, em 1996, o MEC instituiu o Sinaes, para dar continuidade, com algumas inovações, a esse processo de avaliação.

Este capítulo nos mostrou que deve haver muita sintonia entre a instituição de ensino superior e o MEC a respeito das principais variáveis que integram as finalidades e os objetivos de fomento para a boa qualidade no desempenho acadêmico.

E, para alargarmos e aprofundarmos os conhecimentos assimilados neste capítulo, novamente vamos realizar atividades de aprendizagem.

Atividades de autoavaliação

3. A avaliação institucional revela ser um processo imprescindível de identificação das condições de qualidade da instituição, tendo em vista tomadas de decisão para o seu redimensionamento. Assinale, a seguir, a alternativa correta com base no enunciado.
   a) Processo inconstante de aperfeiçoamento do desempenho acadêmico.
   b) Ferramenta para o despreparo e gestão universitária.
   c) Processo inconveniente de prestação de contas à sociedade.

d) Agente dignificador das funções de docente, de coordenação de polo e de tutoria central e local de educação a distância.

4. Complete as lacunas com os seguintes termos: *projetos pedagógicos; logísticos; missão; tutores centrais.*

Fatores que determinam decisões diferenciadas a serem tomadas por cada IES, rumo à boa qualidade organizacional e de desempenho, com relação a:

> ~ _____ filosofia e finalidades institucionais;
> ~ equipe gerencial central, coordenadores de polos, _____ e locais;
> ~ prioridades institucionais enfocadas nos respectivos Planos de Desenvolvimento Institucional (PDI) e nos _____ dos cursos;
> ~ condições em quantidade e qualidade suficientes de recursos humanos, técnicos, tecnológicos, _____ de infraestrutura e financeiros.

Assinale, a seguir, a alternativa que compreende a ordem correta das palavras que preenchem as lacunas das frases dadas.

a) Tutores centrais; missão; logísticos; tutores centrais.
b) Logísticos; missão; tutores centrais; projetos pedagógicos.
c) Missão; tutores centrais; projetos pedagógicos; logísticos.
d) Projetos pedagógicos; missão; logísticos; tutores centrais.

Em síntese

Foram de uma alegria acadêmica muito auspiciosa os estudos e as análises que realizamos juntos a respeito de um tema de tão grande expressão acadêmica e social, como é o que este nosso trabalho sugere: **avaliação institucional como referência lógica para uma educação a distância de boa qualidade**.

Aprendemos muito a respeito dos subtemas que desenvolvemos, principalmente sob dois aspectos:

- ~ atualizamos os nossos conhecimentos com percepções mais atualizadas de acordo com o tempo presente;

- adquirimos e assimilamos conhecimentos novos que alargaram e aprofundaram a nossa percepção e convicção.

Não podemos afirmar que dominamos todas as variáveis a respeito da avaliação institucional no contexto de educação ou ensino a distância, mas valeu a pena esse tempo de estudos, ao qual cada um de nós se deveria dar o devido tempo regularmente, pois não basta nos entusiasmarmos e valorizarmos em demasia a prática sem que nos atenhamos a alargados e aprofundados domínios teóricos.

Ao longo dos estudos percebemos que os objetivos de um programa de avaliação institucional para ensino presencial e a distância praticamente se equivalem, no entanto, notamos que algumas variáveis denotam diferenças de pequeno impacto, mas que não podem passar ao largo, como:

- adequação da metodologia de avaliação a ponto de obter com igual qualidade os dados, mesmo que a realidade sociocultural dos alunos demonstre variáveis diversas de região para outra;
- adequação regular dos programas de avaliação a novas exigências do MEC, as quais sofrem mudanças impressionantes a médios lapsos de tempo.

Assim como repetimos reiteradas vezes, ao longo deste texto, a expressão "avaliar é preciso sempre", não podemos deixar de reafirmá-la também neste ponto do estudo. Notamos, enfim, que é sempre recomendável a implementação de todo programa de avaliação, quando bem aquilatado, seja ele especificamente de aprendizagem ou institucional.

Por isso mesmo, como tantas outras iniciativas que nem sempre são bem aceitas à primeira vista por parte de um ou outro segmento acadêmico, constitui o programa de avaliação institucional ato de coragem por conta dos bons resultados institucionais que dele poderão surgir.

Como **avaliar é preciso**, em função da melhoria de qualidade como condição de sobrevivência institucional, a avaliação constitui questão de perene desafio e compromisso acadêmico, não sendo, pois, simples iniciativa aparentemente viável, mas fato planejado que poderá demonstrar o mapa da qualidade de cada instituição, com vistas à tomada de decisões para o redimensionamento de rumos em suas diferentes funções.

Uma palavra final

É praxe, ao término de um trabalho de significativa importância profissional e social, a utilização da expressão: "Estamos felizes com o dever cumprido!". Essa expressão igualmente cabe ser pronunciada ao final deste livro, que pretende beneficiar tanto profissionais da área educacional como genericamente a todas as camadas sociais que se utilizam da avaliação para o favorecimento da aprendizagem e do desempenho.

São duas as partes desta obra que, à primeira vista, parecem ser distintas quando comparadas entre si, no entanto, no seu conjunto são elas intensamente complementares, almejando e visando ambas à melhoria da aprendizagem e de desempenho mediante implementação de ações avaliativas.

Se não, vejamos!

Enquanto na Parte 1 deste trabalho a avaliação é entendida como a "voz da consciência" em função de boa aprendizagem, na Parte 2 ela é visualizada com foco no bom desempenho da instituição educacional.

Mesmo que na prática as duas partes mantenham focos distintos, no entanto, o seu enfoque é idêntico: favorecer e facilitar a aprendizagem mediante processo avaliativo. Em outras palavras, enquanto a avaliação educacional facilita a aprendizagem, a institucional favorece a aprendizagem mediante boas condições de trabalho.

Na verdade, avaliação como "voz da consciência" da aprendizagem e avaliação institucional são temas que nos são muito queridos, integrando desde longa data nossos objetivos de pesquisa científica.

A percepção da avaliação como "voz da consciência" da aprendizagem ainda não conquistou o suficiente livre trânsito nem o entendimento capazes de uma aceitação em massa, por ora, tanto nos meios educacionais e quanto nos sociais. No entanto, para o seu idealizador, a avaliação com faculdade de "voz da consciência" da aprendizagem é usufruto rotineiro nosso.

Referências

ÁVILA, F. B. de. **Pequena enciclopédia de moral e civismo**. Rio de Janeiro: MEC/Fename, 1972.

BARBOSA, L. Meritocracia à brasileira: o que é desempenho no Brasil? **Revista do Serviço Público**, ano 47, v. 120, n. 3, set./dez. 1996.

BOTH, I. J. **Avaliação planejada, aprendizagem consentida**: é ensinando que se avalia, é avaliando que se ensina. 2. ed. rev. e ampl. Curitiba: Ibpex, 2008.

_____. Mais do que avaliar por competência, cabe valorizar a capacidade criadora e empreendedora. **Diálogo Educacional**, Curitiba, v. 2, n. 4, jul./dez. 2001.

BRASIL. Decreto federal n. 2.026, de 10 de outubro de 1996. **Diário Oficial da União**, Brasília, DF, 11 out. 1996.

BRASIL. Decreto federal n. 5.622, de 19 de dezembro de 2005. **Diário Oficial da União**, Brasília, DF, 20 dez. 2005.

BRASIL. Ministério da Educação. Lei n. 9.394, de 20 de dezembro de 1996. **Diário Oficial da União**, Poder Legislativo, Brasília, DF, 23 dez. 1996.

BRASIL. Lei n. 10.861, de 14 de abril de 2004. **Diário Oficial da União**, Brasília, DF, 15 abr. 2004.

BRASIL. Ministério da Educação. Portaria normativa n. 2, de 10 de janeiro de 2007. **Diário Oficial da União**, Brasília, DF, 11 jan. 2007.

CAMARGO, P. **O poder transformador da educação**. Revista Claudia, 2008. Planeta sustentável. Disponível em: http://planetasustentavel.abril.com.br/noticia/educacao/conteudo_307179.shtml. Acesso em: 04 out. 2011.

DEMO, P. **Educar pela pesquisa**. 4. ed. Campinas: Autores Associados, 2000.

_____. Promoção automática e capitulação da escola. **Ensaio**: avaliação de políticas públicas em educação, Rio de Janeiro, v. 6, n. 19, p. 59-90, abr./jun. 1998.

FACINTER – Faculdade Internacional de Curitiba. Coordenação Pedagógica de Educação a Distância. **Avaliação nos cursos de graduação Pedagogia e Normal Superior modalidade a distância**. Curitiba, pr, 2007. Apostila.

_____. Núcleo de Avaliação da Aprendizagem. **Instrumentos de avaliação e critérios**. Curitiba, 2008. Apostila. 45 p.

INEP – Instituto Nacional de Estudos e Pesquisas Educacionais Anísio Teixeira. **Sinaes**: Sistema Nacional de Avaliação da Educação Superior – da concepção à regulamentação. 2. ed. ampl. Brasília, 2004. Disponível em: <http://www.cpa.uem.br/Download/SINAES.pdf?pub=3707>. Acesso em: 24 maio 2010.

LEITE, S. A. da S. O ensino de primeiro grau: da crítica a propostas alternativas. In: BRASIL. Ministério da Educação. Secretaria de Educação Superior. **Educação superior e educação básica**: coletânea de textos. Brasília: 1988.

LUCKESI, C. C. **Avaliação da aprendizagem escolar**: sendas percorridas. 549 f. Tese (Doutorado em Educação) – Pontifícia Universidade Católica de São Paulo, São Paulo, 1992. 2 v.

MAGALHÃES, Gladys Ferraz. Carreiras: até quando a graduação é suficiente? Infomoney, 04 out. 2011. Disponível em: <http://www.infomoney.com.br/capacitacao/noticia/2224030-carreiras+ate+quando+graduacao+suficiente>. Acesso em: 04 out. 2011.

MARQUES, Cecília Aidikaitis Previdelli. A segurança do ser professor. 2006. **LAVIECS**: Laboratório Virtual e Interativo de Ensino de Ciências Sociais, UFRGS. Disponível em: <http://www6.ufrgs.br/laviecs/edu02022/portifolios_educacionais/t_20061_k/CECILIA_MARQUES/ARTIGO_CECILIA.pdf>. Acesso em: 10 out. 2011.

PENNA FIRME, T. Avaliação: resposta, responsabilidade, integração. In: BRASIL. Ministério da Educação. Secretaria de Educação Superior. **Educação superior e educação básica**: coletânea de textos. Brasília: 1988.

PRÜFER, J. **Frederico Froebel**. Barcelona: Labor, 1940.

QUACQUARELLI SYMONDS. Disponível em: <http://www.topuniversities.com/university-rankings/latin-american-university-rankings/2011>. Acesso em: 07 out. 2011a.

_____. **QS World University Rankings**. Disponível em: <http://www.topuniversities.com/institution/universidade-de-sao-paulo/wur>. Acesso em: 07 out. 2011b.

RATHS, L. E. **Class Lecture**. New York: Summer University, 1948.

RIGHETTI, Sabine. **Salário igual "expulsa" cientistas brasileiros do país**. Folha.com, Ciência, 02 fev. 2011. Disponível em: < http://www1.folha.uol.com.br/ciencia/869436-salario-igual-expulsa-cientistas-brasileiros-do-pais.shtml>. Acesso em: 07 out. 2011.

RIOS, T. A. **Compreender e ensinar**: por uma docência da melhor qualidade. 200f. Tese (Doutorado em Educação) – Universidade de São Paulo, São Paulo, 2000.

RISTOFF, D. I. Avaliação da extensão. In: CONGRESSO BRASILEIRO DE EXTENSÃO UNIVERSITÁRIA, 1., 2002, João Pessoa, PB. **Anais**... João Pessoa: Ed. da UFPB, 2002.

ROMANOWSKI, J. P.; WACHOWICZ, L. A. **Projeto pedagógico do curso de pedagogia na modalidade a distância [da] Faculdade Internacional de Curitiba**. Curitiba, 2006.

SCImago Journal & Country Rank. **International Science Ranking**. Disponível em: http://www.scimagojr.com/countryrank.php?area=0&category=0&region=all&year=2010&order=it&min=0&min_type=it. Acesso em: 07 out. 2011.

TERRA. **USP cai mais de 60 posições em ranking mundial de universidades**. 2 ago. 2010. Notícias. Educação. Disponível em: <http://noticias.terra.com.br/educacao/noticias/0,,OI4600214-EI8266,00-USP+cai+mais+de+posicoes+em+ranking+mundial+de+universidades.html>. Acesso em: 11 fev. 2011.

TYLER, R. W. The Objective and Plans for a National Assessment of Educational Progress. **Journal of Educational Measurement**, v. 3, n. 1, p. 1-4, Mar. 1966.

Gabarito

Parte I

1. c
2. d
3. a
4. a

Parte II

1. a
2. b
3. d
4. c

Nota sobre o autor

Ivo José Both é natural do município de Três de Maio, RS.

Sua experiência educacional perpassa todos os níveis escolares, desembocando na pós-graduação.

Como professor universitário, pesquisador e escritor vem alcançando expressivos resultados.

É mestre em Educação, na área de Planejamento Educacional, pela Universidade Federal do Rio Grande do Sul (UFRGS), e doutor, igualmente em Educação, na área de Política Educacional, pela Universidade do Minho, em Portugal.

Ao longo de sua carreira, também desenvolveu inúmeras atividades de ordem administrativa em nível universitário, exercendo os cargos de presidente de programas de avaliação institucional, coordenador de planejamento institucional, pró-diretor de pós-graduação, pesquisa e extensão, diretor acadêmico, coordenador de programa de pós-graduação em nível *stricto sensu* – mestrado em Educação, coordenador de curso de Pedagogia na modalidade a distância.

Vem atuando como docente nos ensinos presencial e a distância na graduação na pós-graduação e é presidente do conselho editorial da Editora InterSaberes.

Também presta serviços ao Inep/MEC na avaliação de cursos e instituições de ensino superior.

Os papéis utilizados neste livro, certificados por instituições ambientais competentes, são recicláveis, provenientes de fontes renováveis e, portanto, um meio responsável e natural de informação e conhecimento.

FSC
www.fsc.org
MISTO
Papel produzido a partir de fontes responsáveis
FSC® C107644

Impressão: Gráfica Mona
Dezembro/2017